MARCO POLO

Reisen mit Insider Tipps

FÖHR · AMRUM

PELLWORM · NORDSTRAND · HALLIGEN

W0093810

Nordsee · Schleswig-Holstein · Mecklenburg-Vorpommern · Hamburg · NIEDERLANDE · Bremen · Niedersachsen · Elbe

MARCO POLO Koautor
Arnd M. Schuppius

Der gebürtige Hamburger lebt im Dithmarscher Städtchen Burg und arbeitet für mehrere Verlage und Zeitschriften. Für MARCO POLO kümmert er sich auch um die Bände „Sylt" und „Nordseeküste Schleswig-Holstein". Im zarten Alter von sechs Jahren kam der ausgewiesene Kenner der Region zum ersten Mal nach Föhr und Amrum – und bis heute sind diese Inseln so etwas wie seine zweite Heimat.

www.marcopolo.de/foehr-amrum

← UMSCHLAG VORN:
DIE WICHTIGSTEN HIGHLIGHTS

Die besten Insider-Tipps → S. 4

INSIDER TIPP

Best of ... → S. 6

Föhr → S. 32

Amrum → S. 54

4	**DIE BESTEN INSIDER-TIPPS**
6	**BEST OF ...** ● TOLLE ORTE ZUM NULLTARIF S. 6 ● TYPISCH FÖHR UND AMRUM S. 7 ● SCHÖN, AUCH WENN ES REGNET S. 8 ● ENTSPANNT ZURÜCKLEHNEN S. 9
10	**AUFTAKT**
16	**IM TREND**
18	**STICHWORTE**
24	**ESSEN & TRINKEN**
28	**EINKAUFEN**
30	**DIE PERFEKTE ROUTE**
32	**FÖHR** NIEBLUM, OEVENUM, OLDSUM, SÜDERENDE, UTERSUM, WYK
54	**AMRUM** NEBEL, NORDDORF, WITTDÜN
68	**NORDSTRAND**

SYMBOLE

INSIDER TIPP Insider-Tipp
★ Highlight
●●●● Best of ...
☼ Schöne Aussicht
☺ Grün & fair: für ökologische oder faire Aspekte
(*) Kostenpflichtige Telefonnummer

PREISKATEGORIEN HOTELS

€€€ über 130 Euro
€€ 90–130 Euro
€ bis 90 Euro

Preise für zwei Personen im Doppelzimmer mit Frühstück in der Hauptsaison

PREISKATEGORIEN RESTAURANTS

€€€ über 19 Euro
€€ 13–19 Euro
€ bis 13 Euro

Preise für ein Hauptgericht ohne Getränke am Abend

INHALT

PELLWORM 74

HALLIGEN 82
GRÖDE, HOOGE, LANGENESS, OLAND

AUSFLÜGE & TOUREN 90

SPORT & AKTIVITÄTEN 96

MIT KINDERN UNTERWEGS 100

EVENTS, FESTE & MEHR 104

LINKS, BLOGS, APPS & MORE 106

PRAKTISCHE HINWEISE 108

REISEATLAS 114

REGISTER & IMPRESSUM 126

BLOSS NICHT! 128

Nordstrand → S. 68

Ausflüge & Touren → S. 90

Sport & Aktivitäten → S. 96

Reiseatlas → S. 114

GUT ZU WISSEN
Geschichtstabelle → S. 12
Die Kehrseite der Medaille → S. 23
Spezialitäten → S. 26
Bücher & Filme → S. 43
Elmeere → S. 53
Rungholt → S. 81
Vogelschwärme → S. 88
Was kostet wie viel? → S. 109
Wetter auf Föhr → S. 110

KARTEN IM BAND
(116 A1) Seitenzahlen und Koordinaten verweisen auf den Reiseatlas
(0) Ort/Adresse liegt außerhalb des Kartenausschnitts
Es sind auch die Objekte mit Koordinaten versehen, die nicht im Reiseatlas stehen
Eine Karte zu Wyk (Föhr) und die Routenpläne der Inselbahnen „Friesenexpress" (Föhr) und „Insel-Paul" (Amrum)

UMSCHLAG HINTEN: FALTKARTE ZUM HERAUSNEHMEN →

finden Sie im hinteren Umschlag

FALTKARTE
(A–B 1–2) verweist auf die herausnehmbare Faltkarte

2 | 3

Die besten MARCO POLO Insider-Tipps

Von allen Insider-Tipps finden Sie hier die 15 besten

INSIDER TIPP Spezielle Gaumenfreude
Überbacken besonders gut ist der Föhrer Schafskäse. Bei den *Petersens* in Wrixum beispielsweise können Sie frischen Käse käuflich erwerben → S. 29

INSIDER TIPP Frohes Fest
Wintergäste, die dem Trubel auf dem Wyker Sandwall entfliehen wollen, besuchen den stimmungsvollen *Weihnachtsmarkt* im Friesenmuseum → S. 105

INSIDER TIPP Stube und Küche
Wer in diesem kleinen Laden in Nebel auf Amrum nicht irgendetwas Wundervolles oder leckeres für seine *Dörnsk an Köögem* findet, ist selber schuld → S. 61

INSIDER TIPP Lage, Lage, Lage
Großzügige Zimmer mit Aussicht erwarten Sie im Hotel *Kapitän Tadsen* in Steenodde auf Amrum. Speisen mit Niveau werden im zugehörigen Restaurant Weltenbummler serviert → S. 62

INSIDER TIPP Putten in den Dünen
Der kleine, aber feine Amrumer *Minigolfplatz* mit seinen teilweise ziemlich originellen Bahnen liegt gemütlich zwischen Dünen und Wald → S. 63

INSIDER TIPP Schöne Dinge aus alter Zeit
Im *Alten Pastorat* (Foto o.) auf Pellworm können Sie in aller Ruhe zwischen den Dingen stöbern, die den Alltag verschönern, und dabei ein gutes Gespräch mit der Inhaberin führen → S. 79

INSIDER TIPP Macht Müde munter
Eine Stärkung in der *Rad'l-Rast* mitten in der Föhrer Marsch hilft so manchem ermatteten Pedalritter wieder auf den Sattel → S. 35

INSIDER TIPP Genussvolle Ferkelei im Kuhstall
Im *Café Kohstall* in Nieblum gibt's immer dienstags Spanferkel satt, freitags kommt ein Salzwiesenlamm auf die Tische → S. 37

INSIDER TIPP **Gastliches Kleinod**
In *Sternhagens Landhaus* in Oevenum vergessen Sie die Zeit und genießen Gastlichkeit in harmonischer und authentischer Atmosphäre → S. 41

INSIDER TIPP **Vielfalt der Vogelwelt**
Auge in Auge mit dem Austernfischer, ganz nah an der Nonnengans – das ist möglich am *Beobachtungsposten* des Vereins Elmeere in der Midlumer Marsch. Vogelfreunde können hier einen spannenden Tag verbringen → S. 41

INSIDER TIPP **Kultur und Käseteller**
Ein echtes Kleinod ist die *Alte Druckerei* in Wyk mit ihren guten Weinen und den regelmäßig stattfindenden kulturellen Veranstaltungen → S. 50

INSIDER TIPP **Wohnen auf der Weide**
Aus Stall mach Hotel: Das moderne *Hoftel* zwischen Nieblum und Alkersum ist die perfekte Urlaubsunterkunft für junge Familien → S. 38

INSIDER TIPP **Versunkene Schätze aus dem Watt**
Wattführer Hellmut Bahnsen und seine Frau Rita unternehmen mit Ihnen unterhaltsame *Wattwanderungen* auf „Kulturspuren". Besonders schöne Fundstücke landen im hauseigenen Museum, das der versunkenen, sagenumwobenen Insel Rungholt gewidmet ist → S. 77

INSIDER TIPP **Der Klang der Insel**
Augen zu und mal ein Stündchen von den „schönsten Wochen des Jahres" träumen. Dem Musiker *Hauke Nissen* gelingt das Kunststück, Sie mit Flöte, Gitarre und den Tönen der Natur dem Alltagstrott zu entreißen und Sie auf den Deich und ans Meer (Foto u.) zu versetzen → S. 43

INSIDER TIPP **Fangen, Pulen, Essen**
Wer für einen Tag auf dem *Kutter „Hauke Haien"* anheuert, wird zum Krabbenfischer und lernt natürlich auch das Einmaleins des Krabbenpulens → S. 102

BEST OF ...

TOLLE ORTE ZUM NULLTARIF
Neues entdecken und den Geldbeutel schonen

SPAREN

- **Naturkunde zum Anfassen**
Aquarien, Dioramen, Schaubilder und ein großes Angebot an Exkursionen – die Naturzentren auf den Inseln sind die besten Anlaufstellen, wenn Sie mehr über die Natur im Wattenmeer erfahren möchten. Für eine Spende ist man auch im *Norddorfer Zentrum* dankbar → **S. 62**

- **Kreative Freizeitgestaltung**
Urlaub mit Kindern ist teuer, da führt kein Weg dran vorbei. Für ein wenig finanzielle Entlastung sorgt da der *Freizeithelfer-Laden* in Wyk mit vielen Angeboten für die ganze Familie, umsonst oder für ganz kleines Geld → **S. 102**

- **Entenjagd anno dunnemals**
Die meisten *Vogelkojen* sind nicht mehr zugänglich, doch z. B. die in *Boldixum* können Sie umsonst besichtigen und sich so einen Eindruck verschaffen, wie man einst zu einem Entenbraten kam → **S. 53**

- **Informationsfreiheit**
In vielen *Touristinfos* gibt es Ruhe- und Leseräume, in denen verschiedene Tages- und Wochenzeitungen zur gefälligen Lektüre ausliegen. In *Nebel* können Sie die Zeitung auch mit in den kleinen Park vor der Tür nehmen – aber brav zurückbringen! → **S. 62**

- **Freiluftmuseen**
Wie schön, dass Friedhöfe keinen Eintritt kosten: So können Sie sich so oft Sie wollen in die Lebensgeschichten von Kapitänen und Walfängern vertiefen. Die wohl schönsten der „sprechenden" Grabsteine (Foto) stehen auf dem *Friedhof von St. Laurentii* in Süderende → **S. 44**

- **Inselgeschichte(n)**
Auf den Inseln gibt es eine Reihe von Museen, die keinen Eintritt verlangen. So auch das *Inselmuseum* auf Pellworm. Im ersten Stock der Touristinfo wartet Sehenswertes hinter Glas und in Schubladen. Bitte übersehen Sie den Spendentopf nicht, das Museum hat es verdient → **S. 77**

⬤⬤⬤⬤ Diese Punkte zeichnen in den folgenden Kapiteln die Best-of-Hinweise aus

TYPISCH FÖHR UND AMRUM
Das erleben Sie nur hier

● *Wattwanderungen*
Auf einer Wanderung im Watt spüren Sie bis in die Fußsohlen, warum dieses Ökosystem so schützenswert ist. Hochinteressante Führungen durchs Welterbe bietet die *Schutzstation Wattenmeer* u. a. auf Pellworm an → S. 78

● *Krabben, knackfrisch*
Gepulte Krabben aus dem Laden oder noch „in Schale" direkt vom Fischer? Den Unterschied schmeckt man sofort, probieren Sie's aus: In Steenodde z. B. können Sie die schmackhaften Krustentiere frisch vom *Kutter „Butjadingen"* kaufen → S. 93

● *Reetgedeckte Friesenhäuser*
Geborgenheit strahlen sie aus, die knuffigen Katen und Kapitänshäuser mit ihren Dächern aus Reet, Klöntür und alten Rosenstöcken im Vorgarten. In *Nieblum* sind besonders viele dieser liebevoll gepflegten alten Häuser erhalten → S. 35

● *Vogelzug*
Im Frühjahr und im Herbst sind das Wattenmeer und der Himmel darüber Schauplatz eines besonders beeindruckenden Spektakels: Millionen von Zugvögeln rasten dann hier. Hooge widmet einer Spezies unter ihnen sogar eine Festwoche, die *Ringelganstage* → S. 104

● *Strandleben*
Erst aufs Brett, dann baden und anschließend im Strandkorb relaxen – einen abwechslungsreichen Strandtag versprechen Surfschulen mit angeschlossener Beachbar wie die *Surf- und Segelschule Amrum* → S. 99

● *Fahrradfahren*
Das Radwegenetz auf den Inseln ist so hervorragend ausgebaut, dass das Rad – trotz gelegentlichen Gegenwinds – das ultimative Urlaubsverkehrsmittel ist. Den Beweis dafür liefert eine *Tour durch Föhrs Wiesen und Felder* → S. 90

● *Biike-Brennen*
Am 21. Februar vertreiben die Friesen den Winter. Dann lodern auf den Inseln die *Biike-Feuer* (Foto), um die man sich versammelt: ein erwärmendes Gemeinschaftserlebnis, das durch den dabei getrunkenen Schnaps zusätzlich befeuert wird. Danach gibt's Grünkohl satt → S. 104

BEST OF ...

SCHÖN, AUCH WENN ES REGNET
Aktivitäten, die Laune machen

REGEN

● *Spiel, Sport & Kultur*
Nicht nur für junge Leute hat man auf den Inseln überdachte Freizeitanlagen geschaffen. Der *Pellwormer Danzsool* am Kaydeich z. B. wird auch für Veranstaltungen aller Art genutzt – vom Kunsthandwerkermarkt bis zur Ausstellung → S. 80

● *Kino mit Kultcharakter*
Für viele Amrum-Urlauber ist ein Kinobesuch Pflicht. Denn das Kino *Lichtblick* in Norddorf verzaubert nicht nur an Regentagen mit bequemen Sitzen, aktuellen Filmen, Popcorn und Eiskonfekt → S. 64

● *Galeriebesuche*
Überall auf den Inseln haben Künstler und Kunsthandwerker ihre Ateliers. Im Sträßchen Süden auf Nordstrand liegen gleich drei Galerien nah beieinander, eine davon hat das richtige Motto für Regentage – *Lat di Tied* (Lass dir Zeit) → S. 72

● *Die Vorleser*
Der *Föhrer Literatursommer* bringt Licht in graue Tage, zumal er von Mai bis in den Oktober hinein dauert. Und auch im übrigen Jahr finden auf der Insel Lesungen statt, drinnen und draußen. Ein beliebter Austragungsort ist der *Kurgartensaal* in Wyk → S. 104, S. 53

● *Waldspaziergang*
Wald ist im Wattenmeer eher die Ausnahme, doch auf Amrum können Sie auch bei Regenwetter einen immerhin 7 km langen Spaziergang unter Bäumen unternehmen (Foto) – aber Mütze aufsetzen, falls es durchs Baumdach tröpfelt! → S. 55

● *Museumstag*
Endlich regnet's mal, endlich genug Zeit, die Meisterwerke im *Museum Kunst der Westküste* in Alkersum mit der gebotenen Muße zu genießen. Für kulinarischen Genuss sorgt danach Grethjens Gasthof → S. 41

ENTSPANNT ZURÜCKLEHNEN
Durchatmen, genießen und verwöhnen lassen

● *Auf den Wellen schaukeln*
Das Plätschern der Wellen, das Knarren der Takelage, den Wind im Gesicht – und Sie fühlen sich genauso pudelwohl wie die Seehunde, die Sie bei einer *Fahrt mit der „Ronja"* beobachten können → S. 111

● *Das Meer in der Badewanne*
Wenn Sie auch im Urlaub mal eine Auszeit nehmen wollen, dann legen Sie doch einen „Thalasso-Tag" ein: Die Angebotskombinationen des *Aquaföhr* in Wyk lassen keinen Wellnesswunsch offen → S. 52

● *Meerblick mit Mehrwert*
Aufs Meer schauen und träumen: Das geht auf den Inseln überall. Besonders entspannend ist es in einem der Cafés auf dem *Sandwall*, Wyks Promenade, bei einem Drink und mit Blick auf Langeneß → S. 49

● *Rundum-Wohlfühl-Pakete*
Zeigt sich die Nordsee von ihrer rauen Seite, dann suchen Sie das *Amrum-Badeland* in Wittdün auf: Genießen Sie ein Rasul-Schönheitsbad, oder entschlacken Sie mit Meeresalgen → S. 66

● *Orgelkonzerte*
In vielen Inselkirchen ist regelmäßig stimmungsvolle klassische Orgelmusik zu hören. So auch bei den Sommerkonzerten auf der Arp-Schnitger-Orgel in Pellworms *Alter Kirche* – Balsam für die Seele! → S. 104

● *Kutschfahrt*
Die Sonne scheint, ein Lüftchen weht, und Sie lassen sich von zwei PS durchs Watt kutschieren: Die *Fahrt von Nordstrand zur Hallig Südfall* ist ein entschleunigendes Erlebnis → S. 73

● *Friesischer Nachmittag*
Kaffee mit einem Schuss Rum und einem Sahnehäubchen: Das ist der „Pharisäer". Im *Pharisäerhof* auf Nordstrand soll er erfunden worden sein. Dazu ein Stück Friesentorte (Foto) im lauschigen Garten, und Sie werden länger bleiben wollen → S. 71

AUFTAKT

ENTDECKEN SIE FÖHR UND AMRUM!

„Wie Träume liegen die Inseln im Nebel auf dem Meer" – so beschrieb der Dichter Theodor Storm den Blick auf die Halligen. Ganz anders bei klarer Luft, dann erscheinen sie gestochen scharf, zum Greifen nah. So dicht beieinander liegen die Inseln und sind doch so verschieden: Nordstrand – fast noch Festland, Pellworm – die Häuser hinterm Deich, die Halligen – winzig zum Teil, verloren im Meer, Amrum – Dünen, breiter Strand, Föhr – blühende Wiesen, bildhübsche Friesendörfer. Alle umgeben vom Wattenmeer, dem Welterbe und einzigartigen Naturraum, den Urlauber auf dem Weg zu diesen Nordseeperlen durchqueren.

Viele Touristen sind dabei genauso glühende Lokalpatrioten wie die Insulaner selbst und schwören auf „ihre" Insel: Amrum-Fans begeistern sich jedes Jahr aufs Neue für die Einmaligkeit der Dünen und des Kniepsands und halten Sylt für abgehoben und die übrigen Inseln und Halligen für langweilig. Und wer jedes Jahr über die schöne grüne Insel Föhr spaziert, hat nur ein mildes Lächeln übrig für die dünenbesessenen Amrum- und Sylt-Fahrer. Halligurlauber wiederum können sich nichts Erholsameres

Bild: Amrum, Strand bei Norddorf

Weite und Ruhe finden Urlauber auf Langeneß, der größten Hallig

vorstellen als Abgeschiedenheit und Ruhe. Kurzum, Bewohner und Besucher sind sich einig: Ihre Insel, ihre Hallig ist der schönste Fleck in der Nordsee.

> **Es sind Individualisten, die hier leben und Urlaub machen**

Es sind Individualisten, die hier leben und Urlaub machen. Man kommt wegen der guten Luft, des Naturereignisses Nordsee und ist eher froh über das recht bescheidene Angebot an abendlicher Unterhaltung. Wanderungen auf dem Deich, barfuß durch das riffelige Watt, vor Wind und Sonne geschützt im Strandkorb sitzen, ein erfrischendes Bad im Hochsommer, Muscheln sammeln, lange Strandspaziergänge im Winter – wer die Nordsee mit ihren vielen Gesichtern liebt, ist im Urlaub vollauf mit ihr beschäftigt.

Um Christi Geburt
Klimaveränderungen lassen den Meeresspiegel um ca. 2 m steigen. Marschen und Moore im heutigen Wattenmeer werden überflutet

8.–10. Jh.
Friesen aus dem Westen und Wikinger aus dem Norden siedeln auf den Inseln

1231
Erste urkundliche Erwähnung Föhrs und Amrums, das zu Dänemark gehört

Jan. 1362
Die Marcellusflut (Große Manndränke) kostet 100 000 Menschen das Leben

1426
In der St.-Nicolai-Kirche auf Föhr geben sich die Friesen

AUFTAKT

Einmalig ist die geologische Geschichte der Inseln und Halligen. Ihre heutige Form entstand erst vor rund 500 Jahren. Und die Nordsee arbeitet weiter. Ständig verändern sich Wattenmeer und Inseln. Mindestens einmal im Jahr müssen die Pricken, junge Birken, die die Ströme durchs Watt für die Schiffe markieren, neu gesetzt werden. Die Geest von Amrum, Föhr und Sylt bildeten Gletscher, die in der Eiszeit Sand und Gestein vor sich herschoben. Der Anstieg des Meeresspiegels machte Sylt, Amrum und Föhr allmählich zu Inseln. Seit etwa Christi Geburt sind sie vom Festland getrennt. Nordstrand, Pellworm, Nordstrandischmoor und die Hamburger Hallig waren bis zur Marcellusflut am 16. Januar 1362 Teil des Festlands. Die „Manndränke" genannte Flut riss Zigtausende Menschen und Tiere in den Tod. Ungefähr dort, wo heute die Hallig Südfall liegt, ließ die Sturmflut das sagenumwobene Rungholt untergehen und neue Inseln entstehen. Pellworm gehörte nach dieser Flut zu der hufeisenförmigen Insel Strand. In der Nacht zum 12. Oktober 1634 verschlang die Burchardiflut große Teile von Strand. Über weite Flächen des untergegangenen Lands bildete sich Watt, in dem bei Ebbe immer noch Spuren früherer Besiedlung zu finden sind.

> **Siedlungsspuren sind noch im Watt zu finden**

Zu Landverlusten trug die Inselbevölkerung eine Weile selbst bei. Vom 11. bis zum 18. Jh. wurde Torf in der vom Salzwasser getränkten Marsch abgetragen und zur Salzgewinnung verbrannt. Die Salzsieder gruben sich und ihren Nachkommen im wahrsten Sinne des Wortes ein Grab. Der Torfabbau und die Entwässerung der Marsch lie-

- erstmals geschriebene Gesetze
- **Okt. 1634** Bei der Burchardiflut ertrinken mehr als 6000 Menschen. Aus der Insel Strand werden Nordstrand, Pellworm und einige Halligen
- **17. Jh.** Die „goldene Zeit" des Walfangs beginnt
- **19. Jh.** Tausende Inselfriesen wandern aus in die Neue Welt
- **1819** Wyk wird Seebad
- **Feb. 1962** Eine Sturmflut richtet auf Inseln und Halligen schwere Schäden an

ßen das Land absacken und begünstigten damit Schäden durch den stetig steigenden Meeresspiegel und Sturmfluten. Große Teile von Nordstrand und Pellworm liegen unterhalb des Meeresspiegels und wären ohne Deiche verloren.

Ackerbau und Viehzucht waren auf den unfruchtbaren Geestböden und den immer wieder überschwemmten Marschen bis zur sicheren Eindeichung nur wenig ertragreich. Eine Alternative bot die Salzsiederei. Im 17. Jh. eröffnete sich eine neue Erwerbsquelle, der Walfang. Die Holländer schickten Schiffe ins nördliche Eismeer zum Robben- und Walfang, ihre Besatzungen kamen von den Nordfriesischen Inseln und Halligen. Als gute Seefahrer und geschickte Harpuniere brachten die Walfänger so reichen Lohn zurück, dass diese Epoche auch das „goldene Zeitalter" genannt wird. Die Schiffsreisen in alle Welt machten aus den so abgeschieden lebenden Inselfriesen ein weltoffenes und zeitweise auch wohlhabendes Völkchen. Schätze und fremde Gewohnheiten brachten sie mit nach Hause. Die enge Verbundenheit der Seefahrer mit den Holländern hat deutliche Spuren hinterlassen, noch heute zu sehen in den Friesenhäusern mit ihren blau-weißen Fliesen. Als die bis dahin großenteils dänischen Inseln 1864 nach dem deutsch-dänischen Krieg sämtlich zum Deutschen Reich gehörten, wanderten viele Inselfriesen nach Amerika aus. Zu Beginn des 19. Jhs. waren die erfolgsgewohnten Friesen in wirtschaftliche Not geraten, da der Walfang für sie durch englische Konkurrenz nicht mehr möglich war und die Handelsschifffahrt durch die napoleonischen Kriege und den englisch-dänischen Krieg endgültig zum Erliegen kam. In der zweiten Hälfte des 19. Jhs. zog mehr als die Hälfte mancher Jahrgänge fort aus der Armut in die Neue Welt. Wie eng die Verbindung dorthin geblieben ist, zeigte sich nach den Terroranschlägen vom 11. September 2001. Vereine und Unternehmer von Amrum, Föhr und Sylt taten sich spontan zusammen, um 50 New Yorker Feuerwehrleute zur Erholung einzuladen.

> **Der Walfang brachte den Inseln Wohlstand**

Mit dem Ende der Seefahrt sicherten Ackerbau und Viehzucht den Lebensunterhalt. Auch heute, nachdem viele Ställe zu Wohnungen umgebaut worden sind – „Kuh raus, Kurgast rein" –, spielt die Viehzucht immer noch eine wichtige Rolle. Große Schafherden grasen auf den Salzwiesen und Deichen und erfüllen so eine wichtige Funktion im Inselschutz, indem sie die Deiche festtreten und das Gras niedrig halten.

1985 Einrichtung des Nationalparks Schleswig-Holsteinisches Wattenmeer

Okt. 1998 Öl aus dem havarierten Frachter „Pallas" verursacht vor Amrum Umweltschäden

2002 3338 Seehunde im schleswig-holsteinischen Wattenmeer sterben am Staupevirus

2009 Das deutsche und niederländische Wattenmeer wird Unesco-Weltnaturerbe

Okt. u. Dez. 2013 Die Orkane „Christian" und „Xaver" verursachen schwerste Schäden im Baumbestand der Inseln

AUFTAKT

Was einst die Fremdenzimmer waren, sind heute Ferienwohnungen und -häuser, von denen viele für Familien konzipiert sind. Das Angebot reicht von der einfachen Wohnung bis zum komfortablen Bungalow. Pensionen und vor allem Hotels gibt es vergleichsweise wenige, doch ist auf Föhr ein weiteres Hotel geplant, weil immer mehr Gäste Kurzurlaub auf der Insel machen, angelockt durch kulturelle und sportliche Events, deren Zahl auf allen Inseln kontinuierlich zunimmt.

Die Entwicklung zu Badeorten verlief auf den Nordfriesischen Inseln sehr unterschiedlich. Zunächst waren es Schriftsteller und Maler, die fasziniert waren von der Nordsee und ihrer Inselwelt. Dann propagierten Ärzte die gesundheitlichen Vorzüge der Region. In Wyk entstand 1819 das erste Badehaus. In der ersten Saison kamen 61 Gäste. Als der dänische König Christian VIII. Mitte des 19. Jhs. mehrmals in die Sommerfrische nach Wyk auf Föhr reiste, gab das dem neuen Erwerbszweig enormen Auftrieb. Es dauerte lange, bis Wyk Konkurrenz bekam.

Die Dünenlandschaft von Amrum und Sylt galt damals als „öde und unfruchtbar wie der glühende Sand der Sahara", und erst 1855 wurde auch in Westerland auf Sylt ein Bad eingerichtet. In der Folge avancierte Sylt zur „Lieblingsinsel der Deutschen", doch damit scheint nun endgültig Schluss zu sein. Abgeschreckt von Menschenmassen und Lärm im Sylter Sommer wenden sich immer mehr Stammgäste und potenzielle Ferienhauskäufer Föhr und Amrum zu, sodass man auf Föhr schon von einer drohenden „Syltifizierung" spricht. Ob es so weit kommt, darf bezweifelt werden. Noch jedenfalls finden Urlauber auch auf Föhr und Amrum genau das, was sie suchen: Natur pur und Ruhe allerorten.

Zwischen den Inseln, Halligen und dem Festland besteht von April bis Oktober ein reger Ausflugsverkehr. Über die größte Nordfriesische Insel informiert Sie der MARCO POLO Band „Sylt". Die Attraktionen des Festlands bringt Ihnen der MARCO POLO Band „Nordseeküste Schleswig-Holstein" näher.

Leuchtet auch in den Hafen der Ehe: der Pellwormer Leuchtturm

IM TREND

1 And all that Jazz

Musik Von New Orleans direkt in den hohen Norden. Auf Föhr wird der Bass gezupft, Trompeten- und Saxofonklänge liegen in der Luft. Das *Public Rehearsal Jazz Quartett (www.public-rehearsal.de)* bringt den Sound u. a. in den *Kulturtreff (Feldstr. 36 | Wyk | Föhr)*. Geballt gibt es Jazz jeden Juli: Dann findet das fünftägige Festival *Jazz goes Föhr (www.jazz-goes-foehr.de)* mit internationalen Topmusikern und Nachwuchsjazzern statt.

Treib-Gut!

Kunst Treibholz und Glas, einzelne Schuhe und Surfbretter – was am Strand angeschwemmt wird, inspiriert die Inselkünstler. *Pancho* baut daraus skurrile Sandburgen *(Kniepsand | Amrum) (Foto)*. *Dr. Zschucke (Waaster Jügem 17 | Utersum | Föhr)* setzt eher auf großformatige Feldsteine, die er sammelt und zu Skulpturen zusammensetzt. Stein ist auch *Markus Thiessens (in der Kurve am Ortseingang | Süderende | Föhr)* Material der Wahl. Der Steinmetz fertigte den Gezeitenbrunnen für den Wyker Sandwall und stellt seine Arbeiten vor seiner Werkstatt aus.

3 Mit Meerblick

Für den Sundowner Bei Sonnenuntergang geht es an der Uferpromenade erst los. Mit einem Drink in der Hand lassen Lounger im *Pitschi's (Promenade 13 | Wyk | Föhr)* ganz entspannt den Tag ausklingen – und starten in die Nacht. In komfortablen Strandkörben im Sand und einem Glas „Piratenblut" vom Eichenfass genießen die Gäste des *Schapers (Promenade 20 | Wyk | Föhr) (Foto)* den Sonnenuntergang. Vor dem hochprozentigen Drink brauchen Sie noch eine Grundlage? Dann geht es zum Kultimbiss *Hooger Fähre (Hooger Fähre 5 | Strand-/Deichübergang beim Gasthaus)* auf Pellworm.

Auf Föhr und Amrum gibt es viel Neues zu entdecken. Das Spannendste auf dieser Seite

Föhr spricht Friesisch

Fering & Öömrang Der Wunsch, die friesische Sprache wiederzubeleben, nimmt konkrete Formen an. Den Klang des nordseegermanischen Idioms gibt es jetzt auch im Äther. Der *Friisk Funk (www.friiskfunk.de)* informiert über Aktuelles auf den Inseln und das natürlich auf Friesisch. Gymnasiasten der *Eilun Feer Skuul (www.efs-foehr.de)* in Wyk haben ein Buch ins Friesische übersetzt. An ihrer Schule ist Friesisch reguläres Unterrichtsfach *(www.ferring-stiftung.net)*. Im Rahmen der Veranstaltungswoche *Kurs Föhr (www.kursfoehr.de)* soll Besuchern und Einwohnern die Föhrer Kultur nahegebracht werden. Unter anderem finden dann auch Friesischkurse für Anfänger statt. Die Sprache können Sie auch aus der Ferne lernen. Die Internetseite *(www.edunordfriisk.de)* der wissenschaftlichen Einrichtung für die friesische Sprache, Geschichte und Kultur in Bredstedt macht es möglich.

Sportlicher Strand

Mit dem Wind Früher hieß es Strandfußball, heute erfreut sich als Beachsoccer wieder großer Beliebtheit. Möglichkeiten, im Sand Ball und Gegner laufen zu lassen, gibt es auf Föhr und Amrum. Der Strand ist auch das Terrain der Kitebuggy-Fahrer (Foto). Die *Nieblumer Windsurfing Schule (Nieblumer Strand | Föhr)* bietet Kitebuggy-Kurse für Einsteiger an und ermöglicht selbst Rollstuhlfahrern die rasante Fahrt durch den Sand. Den Wind schätzen auch die Drachenlenker, die sich ihre Himmelstürmer z. B. in *Wiggers Drachenshop (Große Str. 32 | Wyk | Föhr)* oder im *Drachenland (Lunstruat 3 | Norddorf | Amrum | www.amrumer-fahrradcenter.de)* besorgen.

Bild: Amrum

STICHWORTE

FAUNA

Inseln und Halligen in der Nordsee sind ein riesiges Vogelparadies. Ohne Möwen, von der großen Silbermöwe bis zur weißen Lachmöwe mit dem schwarzen Kopf, ist die Nordsee nicht zu denken. Überall vernehmen Sie die charakteristischen lauten Kibiik-kibiik-Rufe der Austernfischer mit ihren langen roten Schnäbeln und Beinen. Auch der Kiebitz ist mit seiner schmalen Haube leicht zu identifizieren. Es gibt zahlreiche Arten von Gänsen und Enten, am auffälligsten ist sicherlich die farbenprächtige Brandgans. Aber auch Küsten- und Zwergseeschwalbe und viele Watvögel wie Rotschenkel, Säbelschnäbler und Uferschnepfe haben auf den Inseln eine Heimat, und auf Amrum findet man eine recht große Brutkolonie von Eiderenten, die ihre Küken mit großer Selbstverständlichkeit quer über die Insel ins Wattenmeer führen.

Auf den Sandbänken im Watt haben Seehunde und Kegelrobben ihre Ruheplätze. Einen weiteren Meeressäuger kann hier antreffen, wer geduldig Ausschau hält: Vor Amrum und Sylt liegt die Kinderstube der Schweinswale.

Das Wattenmeer und die Salzwiesen der Halligen sind im Frühjahr und Frühherbst Rastplatz für Millionen von Zugvögeln.

FLORA

Die Pflanzenwelt auf den Inseln und Halligen ist durch die unterschiedlichen Böden denkbar vielfältig. Im Watt und auf den gelegentlich überfluteten Salzwiesen lassen sich die widerstandsfähigs-

Wissenswertes über Nordfriesen und das Wattenmeer, reetgedeckte Häuser, seltene Vögel und eine eigenständige Sprache

ten Arten finden: Queller, Schlickgras und Strandflieder. Auf den Dünen von Amrum gedeihen z. B. Meersenf und Strandhafer. Und auf den Geest- und Marschböden wachsen u. a. Strandgrasnelke, Wollgras und Kuckuckslichtnelke. Auch der streng geschützte Lungenenzian und die Stranddistel sind zu finden.

Die anspruchslosen Kartoffelrosen wachsen überall in Dörfern und an Straßenrändern, und die Rosenhecken mit ihren intensiv duftenden roten oder weißen Blüten und ihren im Herbst leuchtenden Hagebutten sind ein schön anzusehender Teil des insularen Landschaftsbilds geworden.

FRIESISCH

Woher die Friesen, die im 8. bis 10. Jh. die Inseln besiedelten, genau kamen, ist immer noch unbekannt. Auf jeden Fall ist ihre Sprache eine eigenständige und nicht mit dem Plattdeutschen zu verwechseln. Die nächstverwandte Sprache ist Englisch. Obwohl Friesisch eine sehr kleine Sprache ist, gibt es historisch bedingt etwa ein Dutzend Dialekte, die so verschieden sind, dass die Friesen gelegentlich auf Plattdeutsch ausweichen, um sich untereinander zu verständigen. Das liegt auch daran, dass Friesisch nie eine Schriftsprache war und sich nirgendwo ein kulturelles Zentrum bilden konnte. In den letzten Jahren bemüht man sich sehr, die friesische Sprache lebendig zu halten. In Kiel und Flensburg wurden Lehrstühle eingerichtet, und in der schleswig-holsteinischen Landesverfassung wird der Schutz der friesischen Minderheit garantiert. In den Schulen ist Friesisch Unterrichtsfach. Mit Erfolg: In einigen Gemeinden Föhrs und Amrums ist es schon wieder Alltagssprache – bei Alt und Jung. So sprechen auf Föhr etwa 3000 Menschen Fering, auf Amrum beherrschen noch etwa 600 Leute Öömrang; auf Sylt wird Sölring leider nur noch von etwa 700 Alteingesessenen gesprochen. Kostprobe gefällig? Klicken Sie auf *www.foehr.de* auf die nordfriesische Flagge, dann öffnet sich eine abgespeckte Version der INSIDER TIPP Website des Föhrer Tourismusservice auf Friesisch.

GEZEITEN

Etwa zwölfeinhalb Stunden liegen zwischen den höchsten Wasserständen, Hochwasser genannt. Wenn der Meeresspiegel seinen höchsten Punkt erreicht hat, ebbt das Wasser etwa sechseinviertel Stunden bis zum tiefsten Punkt bei Niedrigwasser ab.

Das Wattenmeer fällt bei Ebbe trocken. Nur die größten Wattenströme (Priele) führen dann noch Wasser. Der Wechsel zwischen Ebbe und Flut, die Gezeiten (Tiden), entsteht durch die Massenanziehung von Sonne und Mond. Der Höhenunterschied des Wasserspiegels zwischen Hoch- und Niedrigwasser, der Tidenhub, beträgt im Wattenmeer der Nordsee etwa 2,5 m.

Stehen Erde, Mond und Sonne in einer Linie, addieren sich die Anziehungskräfte, Ebbe und Flut sind dann besonders stark (Springtide); stehen Sonne und Mond im rechten Winkel zur Erde, sind die Gezeiten besonders schwach (Nipptide).

GRABSTEINE

Die alten Grabsteine auf den Friedhöfen von Amrum und Föhr sind faszinierende historische Dokumente. Die meist aus Sandstein kunstvoll hergestellten Stelen und Platten erzählen ganze Lebensgeschichten. Um mit dem begrenzten Platz auszukommen, wurden die bildlichen Darstellungen gleichzeitig zu allgemein verständlichen Zeichen. Ein Beispiel: Schiffe, die die Grabsteine von Seefahrern zieren, wurden aufgetakelt in den Stein gehauen, wenn der Mann in jungen Jahren gestorben war. Ein abgetakeltes Schiff symbolisiert, dass er alt geworden war.

MOIN

Wundern Sie sich nicht, wenn Sie auf Ihrer Urlaubsreise zu jeder Tages- und Nachzeit mit einem mehr oder weniger munteren „Moin" begrüßt werden. Das ist guter Brauch. Ob es sich nun um ein verkürztes „Morgen" oder „Morjen" handelt, sich die Nordfriesen also zu jeder Tageszeit einen „guten Morgen" wünschen, oder ob sich das Moin vom friesischen „moi" (gut, schön) ableitet – darüber streiten die Gelehrten. Antworten Sie einfach mit demselben Gruß, nur sagen Sie nicht „Moin, moin" – das ist eher Touristenfriesisch.

NATIONALPARK WATTENMEER

Die auf der Welt einzigartige Wattenmeerlandschaft reicht von der holländischen bis zur dänischen Nordseeküste. Mehr als die Hälfte ist der deutschen

STICHWORTE

Küste vorgelagert. Dieser riesige Naturraum hat ökologische Funktionen, die nirgends sonst erfüllt werden könnten. Mehr als 1500 Tierarten können nur im und durch das Wattenmeer existieren, vom Wattwurm über den Säbelschnäbler bis zum Seehund.

Erlebnisausstellung; die *Schutzstation Wattenmeer* bietet auf Föhr, Amrum und Pellworm eine Fülle verschiedener Veranstaltungen und Führungen durch die einzigartige Natur des Weltnaturerbes an: Adressen, Treffpunkte etc. unter *www.schutzstation-wattenmeer.de.* Bitte

Schön und praktisch, aber ziemlich kostspielig: ein neues Reetdach

1985 wurde das schleswig-holsteinische Wattenmeer auf einer Fläche von 4410 km² zum Nationalpark erklärt und teilweise strengen Schutzbestimmungen unterworfen. 2009 erhielten das deutsche und das niederländische Wattenmeer den Status eines Unesco-Welterbes, der dänische Teil folgte 2014. Auf allen Inseln und Halligen erfahren Sie in den *Informationszentren Nationalpark Schleswig-Holsteinisches Wattenmeer* (*www.wattenmeer-nationalpark.de*) mehr dazu. Ein verantwortungsvoller Umgang mit dem sensiblen Ökosystem Wattenmeer ist eine Aufgabe auch für kommende Generationen: Das *Nationalpark-Zentrum in Wyk auf Föhr (s. S. 102)* informiert dazu mit einer sehenswerten denken Sie bei einer solchen Veranstaltung daran, die wertvolle Arbeit der großenteils ehrenamtlichen Mitarbeiter mit einer Spende zu unterstützen – das tut dem Watt gut!

REETDACHHAUS

Reet war einst, als es überall auf den Inseln geerntet wurde, eine preiswerte Dacheindeckung. Heute muss es importiert werden, und auch wegen der erheblich höheren Feuerversicherungskosten ist ein Reetdach etwa 50 Prozent teurer als ein Hartdach. Immer wieder fielen und fallen Reetdachhäuser Bränden zum Opfer. Auch deshalb sind unversehrte historische Dorfteile eine Seltenheit geworden.

Umweltfreundliche Energiegewinnung: Solarzellen auf Pellworm

Die Bewohner versuchten, sich durch eine besondere Konstruktion der Dächer zu schützen. Über dem Hauseingang wurde ein Giebel gebaut. Das Reet wurde mit Hanf oder einem anderen brennbaren Faden direkt auf die Dachbalken genäht, sodass brennendes Reet herunterrutschte. Der Brandgiebel über der Haustür sorgte für einen Fluchtweg, da brennendes Reet seitlich herunterfiel. Bei sehr alten Dächern erkennt man noch, dass die Firste früher mit Grassoden befestigt wurden.

Weitere Merkmale alter Friesenhäuser sind Sprossenfenster und schmiedeeiserne Maueranker, die zum Teil als Zahlen das Baujahr angeben und als Buchstaben die Initialen der Erbauer. Auf die Haustür wurde besondere Sorgfalt verwandt. Blau-weiß oder grün-weiß gestrichen und liebevoll verziert, ist sie das einladende Paradestück des Hauses. Die Tür zum Garten hingegen ist meist als Klöntür gestaltet: in der Mitte waagerecht geteilt, beide Teile auch getrennt zu öffnen. So kann man sich auf den unteren Teil gemütlich aufstützen, ohne dass Hühner oder Mäuse ins Haus schlüpfen können, und mit dem Nachbarn plauschen (plattdeutsch: klönen).

RINGREITEN

Auf den Inseln sind Ringreitturniere wichtige sportliche und gesellschaftliche Ereignisse mit einer nahezu 1500-jähriger Tradition. Die Reiter müssen durch den *Galli* (zwei hölzerne Pfähle) galoppieren und dabei einen an Magneten hängenden Ring (es gibt verschiedene Größen) mit einer Lanze durchstechen und aufnehmen.

UMWELTSCHUTZ

Dünnsäureverklappung, Seehundsterben, die Folgen der Pallas-Havarie von 1998, Erdölbohrungen im Wattenmeer, Offshore-Windparks, Plastikmüll im Meer und an den Stränden – Probleme und Projekte, die denen, die vom Tourismus leben, besonders zu schaffen machten und machen. So ist Umweltschutz auf den Inseln konkreter als andernorts als Selbstschutz verstanden worden. Auf den Inseln wurde schon früh Müll getrennt, vielerorts gibt es keine Dosengetränke zu kaufen, und es gehört zum guten Ton, statt Plastiktüten wiederverwendbare Taschen zu benutzen. Auch hat sich die Wyker Dampfschiffs-Reederei eine eigene Umweltcharta gegeben, und die beiden neuen Fähren tragen das Umweltsiegel „Der Blaue Engel". Außerdem versucht man, durch gute Radwege und attraktive Angebote für Fahrradfahrer

STICHWORTE

oder Angebote wie das „Vogelfrei-Supermobil-Ticket" (Infos unter *www.foehr.de*) für Bahnreisende den Autoverkehr zu begrenzen. Bei Festivitäten auf Föhr werden statt Papp- oder Plastikgeschirr Gläser und Porzellanteller und -tassen verwendet, und es steht ein „Spülmobil" bereit, um den Abwasch zu erledigen. Auch wurde frühzeitig auf dezentrale Windenergie gesetzt: Auf Föhr stehen 18 Windräder, auf Pellworm zwölf, dazu gibt es dort ein Solarkraftwerk. Und bei der Platzierung dieser Windmühlen wurde nachgedacht: Sie wurden dort errichtet, wo sie das Auge nicht mehr als nötig belästigen.

VOGELKOJEN

1730 wurde die erste Entenkoje auf Föhr, die Oevenumer, nach holländischem Vorbild angelegt. Insgesamt gibt es auf den Nordfriesischen Inseln 13 Entenkojen, sechs davon auf Föhr. Der quadratische Kojenteich, umrahmt von einem Wäldchen, ist Anziehungspunkt für Enten, besonders wenn auf ihnen Artgenossen (Lockenten) schwimmen und sie dort gefüttert werden. In der Fangzeit, im Herbst, wurden die Enten in eine der vier Pfeifen – sich verjüngende, von Netzen überspannte Wasserarme – gelockt und am Ende der Pfeife gefangen und geringelt, wie man das tödliche Halsumdrehen nennt. Auf Föhr werden in vier Kojen noch ca. 100 Enten im Jahr gefangen, die anderen sind Naturdenkmal und Schutzgebiet. Die Kojen waren einst wichtige Betriebe, auf Föhr und Amrum gab es sogar Konservenfabriken, in denen die Enten verarbeitet wurden.

DIE KEHRSEITE DER MEDAILLE

Umweltfreundliche Energiegewinnung ist auf den Inseln schon lange Thema, Windräder und Solaranlagen belegen das. Dritte im Bunde der regenerativen Energien ist die aus Biomasse gewonnene. Und so gibt es je eine große Biogasanlage auf Föhr und auf Pellworm. Um diese auszulasten, müssen sie mit nachwachsenden Rohstoffen und Gülle gefüttert werden. Bevorzugte „Futterpflanze" ist mit 80–90 Prozent der Mais, weil er anspruchslos, krankheitsresistent und ertragreich ist, außerdem bindet er hervorragend das zur effizienten Energiegewinnung nötige Methan. Die Nachteile des Anbaus dieses sog. Energiemaises: Verlust artenreichen Grünlands, Auslaugen des Bodens durch Monokultur, Rückgang des Grundwasserspiegels, Trinkwasserschädigung durch Düngung. Obwohl es bereits einen Überschuss bei der Energieproduktion gibt und die Anlagen daher nicht ausgelastet sind, werden weiter Felder mit Mais bebaut, weil der Anbau qua Gesetz hoch subventioniert wird. Erstaunte bis verärgerte Reaktion von Touristen: „Man kann ja gar nicht mehr weit gucken!?" Kein Wunder, wenn im Sommer Plantagen mit übermannshohen Maispflanzen den Meerblick verstellen. Auf Föhr hat sich nun insbesondere wegen der „Störung des insularen Landschaftsbilds" Widerstand geregt: Die Wyker Stadtvertretung forderte 2011 in einer Resolution den Bundestag auf, das Erneuerbare-Energien-Gesetz (EEG) bezüglich der Biomasse-Richtlinie zu überarbeiten. Auf eine direkte Antwort wartet man bis heute.

ESSEN & TRINKEN

Die nordfriesische Küche ist eher deftig als fein. Aber neben relativ schwer verdaulichen Kohlgerichten finden Sie zarte Köstlichkeiten wie Muscheln, Krabben (korrekt: Nordseegarnelen), Schollen und rote Grütze auf den Speisekarten.

Allerdings werden Sie spüren, wie gut Küche und Appetit zusammenpassen. Die Seeluft macht tüchtig hungrig, und dazu passen ordentliche Portionen Bratkartoffeln mit Matjestopf besser als feine Häppchen.

Ein besonderes, wenn auch zunächst nicht unbedingt sättigendes Vergnügen sind eigenhändig entschalte Krabben, möglichst direkt vom Kutter im Hafen. Krabbenpulen nennen die Norddeutschen diese Fingerfertigkeit voraussetzende Tätigkeit. Man fasst die Krabbe mit Zeigefinger und Daumen der linken Hand am Kopfende und dreht mit Zeigefinger und Daumen der rechten Hand den Schwanz der Krabbe hinter der ersten Panzerrille so lange hin und her, bis die Schale leicht abzuziehen ist. Den Kopf hält man weiter fest und zieht die Krabbe mit einer leichten Drehung nach hinten weg. Und das Üben lohnt sich: Auch auf den Inseln sind gepulte Krabben erheblich teurer als solche „in Schale".

Delikat sind die Gerichte vom Salzwiesenlamm. Da das Gras, mit dem sich die Schafe auf den Inseln ernähren, im Winterhalbjahr gelegentlich überflutet wird, ist das Fleisch der Salzwiesenlämmer besonders aromatisch. Erst in jüngerer Zeit haben die Inselbauern entdeckt, dass man nicht nur das Fleisch des Schafs

Krabben aus der Nordsee, Salzwiesenlamm vom Deich und zum Nachtisch rote Grütze. Bei Kälte helfen Teepunsch oder Pharisäer

vermarkten kann: Der nur auf der Insel erhältliche INSIDERTIPP Föhrer Schafskäse, den es in einigen Restaurants überbacken gibt, dazu Tomaten und Lauchzwiebeln, ist eine echte Köstlichkeit.

In Sachen Hochprozentiges sind die Inselfriesen Spezialisten: Nach einem herzhaften Essen ist ein Schnaps Pflicht, zum Feiern wird er mit Limo verlängert. An kalten Tagen fällt die Wahl schwer: Rumgrog, Teepunsch oder doch lieber ein Pharisäer? Der ist weit über Nordfriesland hinaus bekannt geworden. Das Rezept ist gleichermaßen der Trinkfreudigkeit und dem Einfallsreichtum der Friesen zu verdanken. Ein strenger Pastor auf Nordstrand soll seinen Schäfchen einst verboten haben, bei Feiern Alkohol zu trinken. Bei der nächsten Tauffeier ging es an der Kaffeetafel dann auch ungewohnt sittsam zu. Nirgends war eine Schnapsflasche zu sehen. Als nach einiger Zeit trotzdem eine erstaunliche Fröhlichkeit aufkam, und der Pastor herausfand, dass die vermeintlich braven Feierer ordentlich Rum in ihrem Kaffee

SPEZIALITÄTEN

▶ **Bohnen, Birnen und Speck** – deftiger Eintopf aus Kochbirnen, frischen grünen Bohnen und geräuchertem Bauchspeck
▶ **Eiergrog** – mit Zucker und heißem Wasser aufgeschäumtes Eigelb, dazu Rum und Arrak
▶ **Fliederbeersuppe mit Grießklößen** – Fruchtsuppe aus Holunderbeeren. Heiß gegessen ein friesisches Zaubermittel gegen Erkältungen
▶ **Friesentorte** – mit Pflaumenmus gefüllter Blätterteig, obendrauf Schlagsahne. Macht süchtig
▶ **Grünkohl** – ein Muss im Winter, am besten klassisch mit Kasseler, Kochwurst und Schweinebacke
▶ **Köm** – der Kümmelschnaps ist das nordfriesische Nationalgetränk
▶ **Krabbenbrot** – der Klassiker, im Idealfall dick mit frischen Krabben belegtes Grau- oder Vollkornbrot, dazu Rühr- oder Spiegelei
▶ **Labskaus** – Eintopf aus Stampfkartoffeln, Corned Beef, Gewürzgurken und Rote-Bete-Saft. Obendrauf kommt ein Spiegelei, manchmal auch ein saurer Hering
▶ **Matjes** – der in milder Salzlake gereifte junge Hering wird mit saurer Sahne, Zwiebeln und Äpfeln zu Pellkartoffeln oder Schwarzbrot gereicht
▶ **Miesmuscheln** – nur von September bis April. In Wein gedünstet besonders delikat
▶ **Porrenpann** – Krabben (plattdeutsch: Porren) mit jungen Kartoffeln und Petersiliensauce
▶ **Rote Grütze** – aus roten Früchten, meist Erd-, Johannis- und Himbeeren, dazu gibt's flüssige Sahne oder Milch (Foto re.). Isst man als Dessert oder solo an heißen Sommertagen
▶ **Salzwiesenlamm, Deichlamm** – als Kotelett, als Keule, als Rücken. Zartes, aber herzhaftes Fleisch der auf den Marschwiesen und auf den Deichen grasenden Lämmer
▶ **Scholle** – „Büsumer Art": mit Krabben drauf oder drin (Foto li.); „Finkenwerder Art": mit Speck gebraten
▶ **Teepunsch** – heißer schwarzer Tee mit Köm und Kandis
▶ **Tote Tante** – Kakao mit Rum und Sahnehaube. Die Schwester des Pharisäers

ESSEN & TRINKEN

unter einer unschuldig wirkenden und geruchshemmenden Sahnehaube untergebracht hatten, schimpfte er: „Ihr Pharisäer!"

Auch die Vorliebe für Tee ist vergleichsweise jung. Vor rund 250 Jahren brachten die Seefahrer Teerezepte aus Holland mit. Was den Engländern ihr Fünf-Uhr-Tee, ist den Nordfriesen ihre Kaffeezeit, zu der nicht nur Kaffee (und natürlich Tee) schmeckt, sondern auch Backwerk. Bei Torten, Waffeln und süßem Gebäck sind die Insulaner Meister. Egal, ob in der Dorfbäckerei oder im Café – das Etikett „selbst gebacken" verheißt (fast) immer uneingeschränkten Kuchengenuss.

Die einheimische Küche, die im Großen und Ganzen der norddeutschen Küche entspricht, hat sich den Vorlieben der Gäste angepasst. Da auf den Inseln die Fischerei im Gegensatz zur Viehzucht nie eine wichtige Rolle spielte, sind die Insulaner Fleischesser. Aber die Gastronomen haben sich darauf eingestellt, dass die Gäste lieber Nordseefisch zu sich nehmen, der zum Teil aus Husum, Flensburg oder Dänemark angeliefert wird. Wenn er dann z. B. als „Pannfisch" auf der Speisekarte steht, handelt es sich um in der Pfanne gebratene Filetstücke verschiedener Fischsorten, oft mit Senf- oder Kräutersauce und Bratkartoffeln.

Der Trend zu nachhaltig produzierten Lebensmitteln macht auch vor den Inseln nicht halt. Eigentlich kein Wunder, lebt man hier doch in einer rundum gesunden Region: Immer mehr Gastronomen bemühen sich darum, die Rohstoffe für ihre Gerichte direkt vor der Tür oder zumindest vom nordfriesischen Festland zu besorgen, wo Bauern zunehmend Fleisch und Gemüse nach ökologischen Richtlinien produzieren.

Cafés und Restaurants sind oft Familienbetriebe. Meist ist es schwer, nur für die Sommermonate qualifiziertes Personal zu finden. Wenn dann der Koch mitten in der Saison geht oder eine Kellnerin krank wird, kommt es zu Engpässen, die nicht ohne Weiteres auszugleichen sind. In der Vor- und Nachsaison kann es geschehen, dass man früher schließt und die Küchenzeiten flexibel handhabt. Auch Betriebsferien stehen nicht immer lange Zeit im Voraus fest.

Der Pharisäer verbirgt Hochprozentiges unter seiner Sahnehaube

Ohnehin sollte man gerade dort, wo die Gästezahlen klein sind, nicht zu hohe Ansprüche stellen. In dem einzigen Restaurant einer Hallig beispielsweise muss man sich auf einfache Kost und geringe Auswahl einrichten. Auf Amrum und Föhr hingegen können Sie – zumindest von Frühjahr bis Herbst, in der Weihnachts- und Silvesterwoche sowie zur Biike – vom frischen Fischbrötchen bis zu einem hervorragenden Menü alles bekommen.

EINKAUFEN

Wer im Urlaub möglichst wenig Geld nebenbei ausgeben will, gerät auf den Halligen nur selten ernsthaft in Versuchung. Auf den Inseln, besonders auf Föhr, wird das Angebot u. a. an geschmackvollen, stilsicheren Accessoires für Haus und Garten immer vielfältiger. Für viele Nordseeurlauber sind aber immer noch die am Strand gefundenen Muscheln und Schneckenhäuser das liebste Mitbringsel.

BAUERNMÄRKTE & HOFLÄDEN

Überall finden von Mai bis Oktober Bauernmärkte statt – besonders nett sind auf Föhr der *Dorfmarkt* in Oevenum mit Kunstgewerbe und Naturalien *(Do 10–12.30 Uhr)* und der 🌱 *Bauernmarkt* in Wyk *(Mi u. Sa 9–12 Uhr | Rathausplatz)*, auf dem fast ausschließlich Föhrer Produkte verkauft werden.

Auf den Inseln und Halligen bieten viele Bauern ihre Produkte und oft auch Souvenirs in eigenen 🌱 Hofläden an. Die schönsten Läden sind auf Nordstrand die *Schäferei Baumbach (s. S. 72)*, auf Pellworm der *Ütermarkerhof (www.bio-hof.de)*, auf Hooge der *Bingehof (Mitteltritt 3 | www.hallighofladen.de)* und auf Föhr z. B. *Kopp im Hof (Sandwall 10 | Wyk)*, der *Hofladen von Familie Hartmann (Hauptstr. 9 | Alkersum)* und *Familie Nielsen (Taarepswoi 5 | Borgsum | www.bauernhof-nielsen.de)*. Empfehlenswert ist auch der INSIDER TIPP *Ziegenhof Matzen* mit seinem Laden *(Oevenum | Aussiedlungshof 7 | www.foehrer-ziegenkaese.de)*.

BERNSTEIN

Besonders nach Sturmfluten können Strandläufer Bernstein am Flutsaum und im Watt finden. In den Auslagen der Souvenirläden präsentiert sich das „Gold des Nordens" oft in Form abenteuerlichster Kreationen – doch auch gut gemachter, hochwertiger Bernsteinschmuck wird in vielen Formen angeboten.

BILDER

Maler und Fotografen fühlen sich durch die faszinierende Landschaft, die raschen Lichtwechsel und oft bizarren Wolkenformationen zur Arbeit animiert. In den Galerien auf den Inseln und auf Hooge kann man neben den üblichen Postkartenmotiven auch künstlerisch wirklich beeindruckende Werke finden, als Druck wie auch als Original.

Souvenirs aus der Natur: Schmucke oder schmackhafte Mitbringsel finden Sie überall – und manche kosten nicht einmal etwas

GOLD- & SILBERSCHMIEDE

Gerade auf Föhr und Amrum haben sich in den letzten Jahren immer mehr Goldschmiede angesiedelt, die teils ausgefallenen Schmuck anfertigen, inspiriert von und kombiniert mit dem Material, das die Natur vor der Ateliertür liefert.

KERAMIK

Auf allen Inseln bieten Töpfereien Keramik an – von der Teetasse bis zur Vase im klassischen Friesisch-Graublau bis zu modernen Kreationen. Die Qualität ist so unterschiedlich, dass es sich lohnt, ein bisschen zu suchen.

LEIBLICHE GENÜSSE

Wer essbare Souvenirs bevorzugt, nimmt Honig oder Marmelade, Tee oder Köm, Räucheraal oder Muschelsuppe, Lammsalami oder -schinken mit nach Hause. Wenn erforderlich, werden die Produkte für den Transport eingeschweißt. Etwas Besonderes sind Biofleisch- und -wurstwaren von Rind und Lamm mit dem INSIDERTIPP „Uthlande"-Siegel, die es auch in Supermärkten gibt. Eine Produzentenliste finden Sie unter *short.travel/foe7*.

RUND UMS SCHAF

Kuschelige Schaffelle werden fast überall angeboten sowie naturbelassene und gefärbte Schafwolle. Auf den vier Inseln wird zudem Kosmetik aus Schafsmilch verkauft – z. B. Seife und Körperlotion. Schafskäse und -joghurt sind eher schnell verderbliche Produkte, die sich besser für den Genuss vor Ort eignen; den Hartkäse von INSIDERTIPP *Familie Petersen* (Hardesweg 49 | Wrixum) können Sie jedoch durchaus mit nach Hause nehmen, ihre sehr gute Wurst sowieso. Produkte vom Schaf bekommen Sie auf Föhr auch im *Schäferlädchen (An der Marsch 23 | Midlum | www.schaeferlaedchen.de)*.

DIE PERFEKTE ROUTE

SCHIFFSFAHRT & STADTBUMMEL

Mit dem Schiff durchs Weltnaturerbe Wattenmeer – schöner kann eine Rundreise durch die Welt der Nordfriesischen Inseln nicht beginnen. Die Fähren der W.D.R. legen im Hafen von ❶ *Dagebüll* → S. 108 ab und bringen Sie in ca. 50 Minuten nach Wyk auf Föhr. Bei gutem Wetter reisen Sie auf dem Sonnendeck in Begleitung von Möwen, bei Schmuddelwetter schmeckt Pharisäer hinter Panoramafenstern. In ❷ *Wyk* → S. 46 gehört ein Bummel über die lauschige Promenade, den Sandwall, zum Pflichtprogramm. Einen Pausensnack liefern die vielen Cafés dort – das Kurkonzert (im Sommer) und den wunderbaren Weitblick auf die Halligen Langeneß und Oland gibt's gratis dazu.

FÖHR ERFAHREN

Weiter geht's vom Wyker Hafen aus mit dem Leihfahrrad oder dem Bus auf eine Tour quer über die Insel. Föhrs Dörfer – reetgedeckte Bauernhäuser, rosenbestandene Friesenwälle, kopfsteingepflasterte Sträßchen – üben immer noch einen eigenartigen Zauber aus, sie erinnern an Kindheit, sind wie Bilderbücher zum Anfassen, aus Backstein, Bäumen und Blüten. Trinken Sie einen Kaffee im Garten der Alten Schule in ❸ *Midlum* → S. 41, lassen Sie sich im Museum Kunst der Westküste in ❹ *Alkersum* → S. 41 auf alte und neue Meister ein, machen Sie vielleicht einen Abstecher nach ❺ *Nieblum* → S. 35 mit seinem gotischen „Friesendom" (Foto li.) – und stärken Sie sich noch einmal mit einem kräftigen Süppchen im Café Apfelgarten in ❻ *Oldsum* → S. 42, bevor Sie zur nächsten Etappe aufbrechen, einem recht außergewöhnlichen Fußmarsch, der gleich hinterm Deich beginnt.

DURCHS WATT AN DEN STRAND

Vor dem Deich bei ❼ *Dunsum* → S. 45, auf dem Schafe ihren Geschäften nachgehen, wartet der Wattführer und nimmt Sie mit auf eine Wanderung, die Sie in 2–2,5 Stunden durch Schlick- und Sandwatt zur Nordspitze der Nachbarinsel Amrum, der ❽ *Amrumer Odde* → S. 62, führt. Eine Wattwanderung ist ein faszinierendes Erlebnis und vor allem für Barfußgeher eine höchst gesunde Erfahrung. Füße säubern, Schuhe an und noch eine knappe halbe Stunde Strandspaziergang, dann erreichen Sie ❾ *Norddorf* → S. 62, wo Sie Ihre Beine erst mal hochlegen sollten, z. B. bei herrlich saftigem Kuchen auf der Terrasse vom Café Schuldt.

www.marcopolo.de/foehr-amrum

Erleben Sie die vielfältigen Facetten der Nordfriesischen Inseln und Halligen – auch bei einer Wanderung über den Meeresboden

ZWISCHEN DÜNEN UND WALD

Nun gilt es, Amrum zu erkunden, und das geht am besten mit dem Rad. Auf der Fahrt in den Inselsüden können Sie sich die vier ganz unterschiedlichen Landschaftszonen Amrums erradeln: die Dünen auf Bohlenwegen bei einem Halt in der ❿ *Vogelkoje Meeram* → S. 65, die Marschwiesen im Osten bei einem Bummel durch das schnuckelige Friesendorf ⓫ *Nebel* → S. 58, den lauschigen Wald zwischen Dünen und Heideflächen, schließlich den extrabreiten Strand, der hier Kniepsand heißt. Nach einer Rast im Piratencafé am Strandaufgang in Nebel ist die Besteigung des ⓬ *Leuchtturms* → S. 65 der krönende Abschluss – der Blick übers Wattenmeer von Sylt bis Pellworm sucht seinesgleichen.

DIE WELT DER HALLIGEN

Vom Leuchtturm aus haben Sie schon gesichtet, wohin es als Nächstes geht: auf eine Hallig. In ⓭ *Wittdün* → S. 65, Amrums Metropölchen und Fährhafen, entern Sie einen Ausflugsdampfer und stechen in See. Vorbei an Seehundsbänken, auf denen – bei Ebbe – die Robben in der Sonne dösen, schippern Sie gemütlich nach ⓮ *Hooge* → S. 85 (Foto li. u.) oder ⓯ *Langeneß* → S. 87. In den Museen dort und auch beim Klönschnack mit den Halligbewohnern können Sie eine Menge erfahren über das Leben auf den kleinsten aller Nordseeinseln. Wenn Sie dann zum letzten Mal auf dieser Reise ein Schiff besteigen, bringt es Sie wieder aufs Festland, nach ⓰ *Schlüttsiel* → S. 108.

90 km. Reine Fahrzeit 16–20 Stunden. Empfohlene Reisedauer: zwei Wochen. Detaillierter Routenverlauf auf dem hinteren Umschlag, im Reiseatlas sowie in der Faltkarte

FÖHR

Fast rund und küstennah im Wattenmeer gelegen, durch die vorgelagerten Sände, die Halligen Langeneß und Oland im Südosten und Amrum und Sylt im Westen geschützt, hat Föhr einen begünstigten Platz. Wind und Wellen sind hier abgeschwächt, was den Menschen, aber auch der vergleichsweise üppigen Vegetation bekommt: So sind die alten Bäume eines der Markenzeichen der kleinen Stadt Wyk und des schönen Dorfs Nieblum geworden.

Das 82 km² große Föhr teilt sich geografisch in das flache und fruchtbare Marschland der nördlichen Hälfte und die höher liegende, seit vielen Jahrhunderten besiedelte Geest der südlichen Hälfte. Die Landkarte zeigt noch heute, dass alle elf Dörfer der Insel auf dem flutsicheren, nicht sonderlich fruchtbaren, sandigen Geestrücken im Süden und Westen entstanden. Obwohl der 22 km lange Deich seit 500 Jahren die Marsch im Norden von Wyk bis Utersum vor Überschwemmungen schützt, gibt es in diesem tief liegenden Gebiet, das mehr als die Hälfte Föhrs ausmacht, nur vereinzelt Häuser. Wer hier durch die Felder und Wiesen radelt, kann leicht den Eindruck gewinnen, Menschen und Tiere hätten sich die Insel fair geteilt. In der Marsch weiden Pferde, Kühe und Schafe, und ziemlich ungestört leben hier zahlreiche Vogelarten wie Wiesenpieper und Feldlerche gemeinsam mit Tauben, Hasen und Fasanen – Föhr hat mit die größte Niederwilddichte Deutschlands. Die Menschen halten sich meist südlich der Straße von

Bild: Strand von Utersum, im Hintergrund Amrum

Die grüne Insel im Wattenmeer: Föhr lockt mit einer kleinen Hafenstadt, urigen Friesendörfern, Geest, Marsch und schönen Stränden

Wyk über Midlum, Oldsum bis Dunsum auf. In den 1960er- und 1970er-Jahren siedelten zwar etliche Bauernhöfe in die Marsch aus, aber das hat das Bild der Insel nicht grundsätzlich verändert, auf der Landwirtschaft nach wie vor eine wichtige Erwerbsquelle ist. Vor allem werden Rinder und Schafe gezüchtet, es wird etwas Getreide angebaut, in jüngster Zeit auch Mais, und im Mai leuchten die blühenden Rapsfelder.

Lange Zeit war Föhr auch politisch geteilt. *Osterland,* die östliche Hälfte von Wyk bis Nieblum, war Teil des Herzogtums Schleswig, während *Westerland,* die westliche Hälfte Föhrs, und Amrum von etwa 1400 bis 1864 zu Dänemark gehörten. Diese jahrhundertelange politische Teilung ist bis heute daran zu erkennen, dass sich auf Föhr zwei ähnliche, aber doch deutlich unterschiedliche Varianten des Friesischen herausgebildet haben. In Westerland-Föhr wird immer noch Friesisch gesprochen, während in Wyk Plattdeutsch vorherrscht. Die Geschichte wirkt auch insoweit bis heute fort, als mehr

Reetdachhäuser und blühende Rosenstöcke: Friesendorfidylle in Nieblum

oder weniger ernst gemeinte Animositäten zwischen Wykern und Föhr-Land-Bewohnern bestehen. Für die Friesen oder Feringer, also die mit einer langen friesischen Familiengeschichte ausgestatteten Dörfler, sind Wyker Fremde, Zugewanderte, obwohl viele sich hier bereits vor rund 370 Jahren nach der katastrophalen Sturmflut 1634 niederließen. Für die rund 4410 Wyker wiederum, die sich als Städter fühlen, leben die ca. 4180 Landbewohner weit draußen in der Provinz. Die dritte Menschengruppe ist im Sommer die größte: Jedes Jahr kommen insgesamt rund 200 000 Urlauber auf die Insel, dazu noch einmal fast ebenso viele Tagesgäste. In der Saison ist es zwar manchmal gar nicht so leicht, einen Platz im Café oder Restaurant zu bekommen, aber meist hat man trotzdem nicht das Gefühl, die nach Sylt zweitgrößte Nordfriesische Insel platze aus allen Nähten. Vor allem in den Dörfern bleibt es auch in der Hochsaison relativ ruhig.

Immer mehr Gäste kommen aber auch im Winter, und sowohl die zahlreichen Events als auch der schöne 27-Loch-Golfplatz und das Museum Kunst der Westküste ziehen zunehmend Kurzurlauber auf die Insel. Der Umbau alter Bädervillen zu hochwertigen Apartmenthäusern im modernen Bäderstil sollen dieser neuen Klientel angemessene Unterkunft bieten. Außerdem soll im Herbst 2014 mit dem Bau eines Vier-Sterne-plus-Hotels am Wyker Südstrand begonnen werden. Das Nordseebad Wyk wurde 1819 gegründet. Durch Föhrs geschützte Lage kommen Nordseewind und -wellen hier schon ein bisschen gebremst an. Das wissen besonders Eltern zu schätzen, die ihre Kleinen unbesorgt am Strand spielen und baden lassen können. Die Kurverwaltungen, viele Vermieter und Gastronomen sind darauf eingestellt.

Eine gute Möglichkeit, die Insel kennenzulernen, ist eine Rundfahrt durch fast alle Dörfer mit dem *Friesenexpress (März Di, Sa 13 Uhr, 2-Std.-Tour: April–Okt. tgl. 10.40 u. 13.15 Uhr; 2,5-Std.-Tour (mit Kirchenbesichtigung) Mitte Mai–Mitte Sept. Mo–Sa 13.15 Uhr – Fahrplanänderungen*

FÖHR

möglich | Fahrt 10,80 Euro | ab Hafen Wyk, Fähranleger 3 | www.inseltouristik.de).
Das ideale Verkehrsmittel auf Föhr ist das Fahrrad. Die Höhenunterschiede sind gering, und neben den Hauptradwegen gibt es zahlreiche gut befahrbare, asphaltierte Versorgungswege. Die Strecken zwischen den Inseldörfern sind auch bei Gegenwind per Zweirad gut zu schaffen, und die Entfernungen sind so gewaltig nicht. Vielerorts gibt es zudem Möglichkeiten, sich während eines Schauers unterzustellen, und in der weitgehend baumlosen Marsch lockt das beliebte und viel genutzte **INSIDER TIPP** *Rad'l-Rast* (Mo–Sa 10–17 Uhr | Aussiedlungshof 11 (118 C2) (*C3*) | Tel. 04681 2755 | www.ferienhof-bruhn.de) mit Speis und Trank.

Von Wyk über Nieblum bis nach Utersum zieht sich der 15 km lange, schöne Sandstrand hin. Baden können Sie hier fast überall. Bewachte Strandabschnitte gibt es in Wyk, Nieblum, Goting und Utersum. Von Mitte April bis Ende September ist es an Stränden mit Kurbetrieb verboten, die hübschen, aber erstaunlich lauten und bisweilen sogar gefährlichen Lenk- und Sportdrachen steigen zu lassen.

AUSKUNFT FÜR FÖHR

Erste Anlaufstelle für alle, die Föhr zum ersten Mal besuchen, ist das *W.D.R.-Servicegebäude* am Wyker Hafen *(Am Fähranleger 1)*. Eine kostenlose Informationsbroschüre und den jeden Monat neuen Veranstaltungskalender (ebenfalls umsonst) findet man hier.
Inselweites *Servicetelefon* (z. B. für die Zimmervermittlung): *Tel. 04681 300 | www.foehr.de*

NIEBLUM

(118 B5) (*C4*) ★ ● **Die Nieblumer sind verwöhnt. Sie wohnen in einem ausnehmend schönen Dorf, und das bekommen sie immer wieder bestätigt: Der Ort mit über 60 alten Reetdachhäusern gilt bei Denkmalpflegern als**

MARCO POLO HIGHLIGHTS

★ **Nieblum**
Föhrs Vorzeigedorf mit schmucken, jahrhundertealten Reetdachhäusern unter nicht ganz so alten Bäumen
→ S. 35

★ **Museum Kunst der Westküste**
Ein hochkarätiges Kunstmuseum, konzipiert als Ort ungezwungener Begegnung in preisgekrönter Architektur → S. 41

★ **St. Laurentii**
Zur romanischen Kirche in Süderende gehört ein Friedhof mit „sprechenden" Grabsteinen wie dem des „glücklichen Matthias" → S. 44

★ **Carl-Häberlin-Straße**
Rosenumrankte Kapitänshäuser in der einzigen historischen Straße Wyks, die unter Denkmalschutz steht
→ S. 47

★ **Friesenmuseum**
Kleines, feines Heimatmuseum in Wyk, das einen umfangreichen Einblick in den einstigen Alltag der Inselbewohner gewährt → S. 47

★ **Sandwall**
Geschäfte, Cafés und alte Promenadenherrlichkeit aus der Zeit, als Wyk Ort der königlichen Sommerfrische war → S. 49

NIEBLUM

Nur ein paar Meter hoch, aber auf Föhr einzigartig: Goting-Kliff

vorbildlich restauriert, wurde mehrfach ausgezeichnet, und die Zahl der Gäste spricht für sich.

Rund um die Kirche St. Johannis stehen die ältesten Häuser, manche sind über 300 Jahre alt. Im historischen Dorfkern geht und fährt man über Straßen aus Buckelpflaster. An der Hauptstraße, der *Jens-Jacob-Eschel-Straße,* bilden Linden eine schattige Allee. Überhaupt geben die vielen, teilweise betagten Bäume Nieblum eine besondere Atmosphäre, um deren Erhalt man sich sehr sorgte, als die Holländische Ulmenkrankheit von 1980 bis 1990 über 100 alte Ulmen vernichtete. Im *Dörpshus* neben der Kurverwaltung informiert eine Schautafel über diesen gefürchteten Pilz, der u. a. auch die Ulmen am Wyker Sandwall zerstörte. Zum Glück wurde rechtzeitig neu gepflanzt, und so hat die Schönheit Nieblums kaum gelitten. Der Ententeich, die *Meere,* ist fast das ganze Jahr über eine Attraktion. Im Sommer der Vögel wegen, die viele gern füttern, im Winter ist er bei Frost eine prima Schlittschuhbahn.

Goting (112 A–B5–6) (*B–C4*), Ortsteil Nieblums, war früher ein eigenständiges Bauerndorf. Heute gibt es nur noch wenige Höfe, dafür meist neuere Ferienhäuser. Den Charme von Nieblum sucht man hier vergebens. Aber die Nähe zum Strand hat für viele Urlauber einen besonderen Reiz, zumal das *Goting-Kliff* etwas Besonderes verspricht. Das vom Sand zugewehte Kliff ist zwar nicht sonderlich hoch, dafür ist der Blick vom Strand aufs Meer hinaus und hinüber nach Amrum umso schöner.

SEHENSWERTES

ST. JOHANNIS
Die größte Kirche der Insel, auch Friesendom genannt, überwiegend aus Backsteinen erbaut, wurde 1240 zum

FÖHR

ersten Mal erwähnt. Von diesem ersten Kirchenbau wurden Granitquader und Tuff wieder verwendet. Das romanische Langschiff wurde im 13. Jh. um Chor, Apsis und Querhäuser erweitert. Sehenswert sind besonders der Flügelaltar aus dem 15. Jh., der Taufstein aus dem 12. Jh., die Kanzel von 1618 mit niederdeutschen Bibelsprüchen, der Sakramentenschrank von 1487 sowie die Grabplatten und -steine im Südquerhaus.

Über die 1775 im Alter von 36 Jahren verstorbene Eycke ist hier zu lesen: „Sie wurde zweimal verheiratet. Ihr erster Ehemann ruhet zu ihrer Seite, mit welchem sie den 1.ten Nov. 1762 in den Ehestand getreten und darin 7 glückliche und vergnügte Jahre zugebracht. Nach dessen Absterben verehelichte sie sich mit Harre Petersen. Nachdem sie das Unbeständige und Kummervolle dieses Lebens erfahren und dadurch an ihrem Glauben geläutert wurde, ist sie in den Armen ihres Erlösers entschlafen." Diese Inschrift ist ein schönes Beispiel einer außerordentlichen Grabkultur, die durch die Lebensgeschichten der Toten wirklich an sie erinnerte. In Niebüll weiß man übrigens noch heute, dass Eycke Jensens zweite Ehe so kummervoll war, weil Harre Petersen schrecklich viel trank. *Tgl. 9–18 Uhr; Kirchen- und Friedhofsführung: Termine s. Aushang an der Kirche und beim Tourismusservice | 3 Euro | www.friesendom.de*

ESSEN & TRINKEN

ALTES LANDHAUS
Im historischen Friesenhaus mit Landhauscharme isst man schmackhafte Fleisch- und Fischgerichte. Das „kleine Mittagessen" ist sehr gut und sehr günstig. *Di geschl. | Bi de Süd 22 | Tel. 04681 25 72 | www.altes-landhaus-nieblum.de | €€–€€€*

FÖHRER TEESTUBE & CAFÉ
Sehr stilvolles Café mit Terrasse und Bauerngarten, in dem Friesenwaffeln und (Di, Do abends) Flammkuchen besonders gut schmecken. Das Café ist Teil einer kleinen Komplexes mit der Galerie *Augenweide* (s. S. 50) im ersten Stock und der „Föhrer Kerzenscheune", in der man u. a. selbst Kerzen fabrizieren kann. *Mo geschl. | Poststrat 7 | Tel. 04681 58 01 43 | www.hof-pergande.de*

KLIFF-CAFÉ (112 A6) (*C4*)
Zu Windbeuteln und Waffeln gibt's gratis eine schöne Aussicht aufs Meer. Der Garten ist ein *Minigolfplatz* mit interessanten Bahnen. *Tgl. | Kliffwai 61 | Goting | Tel. 04681 36 60 | www.kliff-cafe.de*

CAFÉ KOHSTALL
Im gemütlich ausgebauten Kuhstall gibt es selbst gebackenen Kuchen, Waffeln und Eisbecher. Bei Voranmeldung können Sie hier im Sommer freitagabends Salzwiesenlamm und INSIDER TIPP dienstagabends Spanferkel essen (*€€*). *Di–So 13.30–18.30 Uhr | Jens-Jacob-Eschel-Str. 12 | Tel. 04681 5112 | www.cafe-kohstall.de*

LOHDEEL
Im roten Reetdachhaus am Ortsende hängen im weißen, holzgetäfelten Gastraum Votivschiffe von der Decke, und auf den Tischen duften Schafskäsepfannen, Schollen und Schnitzel „Holstein". Die Pommes haben eindeutig Suchtpotenzial. *Mi geschl. | Heidweg | Tel. 04681 58 00 61 | €€*

ÖKONOMIE IM GOLF-CLUB FÖHR
Fabienne und Gérard Buron bringen einen Hauch Frankreich nach Föhr, und das geht so: Neben gratinierten Miesmuscheln gibt es auch Fischsuppe mit Rouille und Croûtons, neben warmem

NIEBLUM

Apfelkuchen auch Profiteroles. Die ständig wechselnde Tages- und Abendkarte lockt nicht nur Golfer in das gemütliche Restaurant oder auf die schöne Terrasse. *Mo geschl. | Grevelingstieg 6 | Tel. 04681 5 04 76 | €–€€*

EINKAUFEN

ALTES FRIESISCHES THEEHAUS
Riesige Auswahl an Tee und allerlei Schnickschnack in sehenswerten, urigen Verkaufsräumen. Nette Idee: verschiedene Liköre zum Selberabfüllen. *Jens-Jacob-Eschel-Str. 13 | theehaus.com*

GALERIE NIEBLUM
Gregor Swoboda lebt auf Föhr und im Winter auf Kreta. Seine Meeresstücke malt er meist in Öl auf Leinwand und im Quadrat – 20 x 20 cm z. B. passen perfekt ins Reisegepäck. *Im Sommer Mo–Sa | De Gröne Eck 2 | www.galerie-nieblum.de*

LILLEBO
Geschmackvolles, meist nordisches Wohndesign zum Verschenken und Selberbehalten. Ansehnlich auch die skandinavische Mode. *Jens-Jacob-Eschel-Str. 17 | www.lilleboshop.de*

FREIZEIT & STRÄNDE

Ungefähr eine Viertelstunde gehen Sie vom Ortszentrum zum über 5 km langen Sandstrand. Westlich vom Goting-Kliff ist er für FKK-Anhänger reserviert, und östlich dürfen auch Hunde mit.

SPIELGOLF
Golfen mal ganz anders: Gespielt wird mit Putter und echten Golfbällen auf neun mit Kunstrasen belegten Bahnen von 8 bis 16 m Länge; sogar Roughs und Hügelchen gibt es. Aber Achtung: Diese „Grüns" sind sehr schnell! *Tgl. 13–18 Uhr (im Sommer länger) | Runde 4,50 Euro, Anschlussrunde 2,50 Euro | Poststrat | www.hof-pergande.de*

AM ABEND

SOMMERKONZERTE
Im Sommer füllt sich das Kirchenschiff des Friesendoms regelmäßig mit den Klängen von Orgel, Gitarre, Cello oder Oboe. Besonders die abendlichen Orgel- oder Chorkonzerte sind ein Genuss. *Mitte Juni–Mitte Sept., Flyer und Termine beim Tourismusservice und in der Kirche | Eintritt frei, um „großzügige" Kollekte wird gebeten | www.friesendom.de*

ÜBERNACHTEN

FERIEN-KONTOR FÖHR
Kompetentes, freundliches Vermietungsbüro. Im Angebot sind komfortable Ferienwohnungen und -häuser für kleine und große Familien. *Jens-Jacob-Eschel-Str. 26 | Tel. 04681 788 | www.inselfoehr.de | €–€€€*

INSIDER TIPP ▶ HOFTEL FÖHR
Urlaub auf der grünen Wiese: Sjirk und Anneclaire Loogman haben 2014 aus einem Stall ein schickes, modernes „Ho(f)tel" gemacht, das sich in erster Linie an junge Familien richtet: mit 14 Doppel- und Familienzimmern (teils mit Terrasse), großer Scheunenküche (Frühstück vom Buffet ist zubuchbar), Tenne mit Terrasse und allem, was Babys so brauchen. *Nieblumweg 26 (links der Straße nach Alkersum) | Tel. 04681 7 46 12 80 | www.hoftel-foehr.de | €€*

VILLA WITT
In diesem traditionsreichen Haus können Sie sehr komfortabel wohnen, im Restaurant *(Do–So ab 18 Uhr | €€€€)* luxuriös speisen und im Garten unter alten Bäu-

FÖHR

men gemütlich Kaffee trinken. Zur Villa Witt gehört auch ein empfehlenswertes Bistro *(Mo geschl. | €€–€€€)* mit einer Vinothek. *4 Zi., 3 Suiten | Nov.–Feb. geschl. | Alkersumstieg 4 | Tel. 04681 5 87 70 | www.hotel-witt.de | €€€*

AUSKUNFT

FÖHR TOURISMUS GMBH
Zimmernachweis; Zweigstelle der W.D.R. *Im Dörpshus | Poststrat 2 | 25938 Nieblum | Tel. 04681 25 59 | www.nieblum.de*

ZIELE IN DER UMGEBUNG

LEMBECKSBURG ☼ (118 A4) (*m* B4)
Von der Burg übrig geblieben ist nur der grasbewachsene, beeindruckende Ringwall auf dem Geestkern, der durchschnittlich noch 7 m hoch ist und eine schöne Rundumsicht bietet. Der Burginnenraum hat einen Durchmesser von 95 m und ist nach Süden geöffnet, wo sich vermutlich das Zugangstor befand. Die Geschichte der Burg ist noch nicht völlig erforscht, aber bei Grabungen 1951/52 fand man Bebauungsreste, Scherben und Gefäße, die zeigten, dass die Burg in der Wikingerzeit (9./10. Jh.) entstanden sein muss.

Benannt ist sie nach dem Ritter Klaus Lembeck, der 1362 vom dänischen König Waldemar IV. Atterdag zum Lehnsherrn der Inseln Föhr, Amrum und Sylt bestimmt wurde. Lembeck führte aber ein so tyrannisches Regiment, dass schließlich der König selbst gegen ihn zu Felde zog. Zusammen mit verbündeten Friesen belagerte er die Burg und vertrieb den unedlen Ritter – so die Legende.

TRAUMSTRASSE ☼
(117 D–F 3–5, 118 A5) (*m* A–B 3–4)
Von *Goting* über *Witsum* und *Hedehusum* führt die knapp 5 km lange Traumstraße nach *Utersum*. Diese leicht hügelige Straße auf dem Geestrücken bietet wirklich herrliche Aussichten auf das Wattenmeer und die Dünen.

In diesem Ringwall stand vor über 1000 Jahren die Lembecksburg

OEVENUM

Lohnend könnte bei Witsum ein Abstecher Richtung Waterkant sein, so man ein Fernglas dabeihat. Ein Sandweg führt von der Traumstraße an den Strand zum Mini-Vogelschutzgebiet *Godelniederung* (117 F5) (*B4*), wo sich u. a. Austernfischer beobachten lassen, wenn man den gebotenen Abstand wahrt und die Vögel nicht stört.

ESSEN & TRINKEN

KRÖGERS DÖRPSKROG

Den Dorfkrug gibt es schon seit 1713. Heute kommen in dem schönen alten Friesenhaus INSIDER TIPP selbst gemachtes Sauerfleisch mit herrlichen Bratkartoffeln, Grünkohl, Bratfisch & Co und die wohl besten Muscheln der Insel

Charaktervogel der Inseln, unübersehbar und unüberhörbar: der Austernfischer

OEVENUM

(119 D4) (*C3–4*) **Es ist ein Vergnügen, durch den gut erhaltenen historischen Ortskern nördlich der Hauptstraße zu schlendern.**

Wer allerdings donnerstags vormittags nach Oevenum kommt, um den kleinen Wochenmarkt zu besuchen, bekommt vor lauter Trubel nicht viel von den hübschen Friesenhäusern zu sehen. Sonst ist es hier um die Mittagszeit aber so still wie in einem südeuropäischen Dorf während der Siesta. *www.oevenum.de*

auf die Tische in der friesischen Gaststube. Unterm Reetdach finden sich auch zehn einfach-moderne, aber gemütliche Gästezimmer mit viel Holz. *Do geschl. | Dörpstrat 24 | Tel. 04681 2103 | www.doerpskrog-oevenum.de | €*

EINKAUFEN

OEVENUMER THEECOMPAGNIE

Etwa 300 Sorten Tee, dazu Süßes und Alkoholisches – u. a. INSIDER TIPP „Réserve Waalem", ein leichter Wein aus Trauben von den drei Föhrer Weinfeldern – sind in *De ole Theestuv* im Angebot. *Di–Sa*

FÖHR

10–14 Uhr und n. V. | Dörpstrat 49 | www.foehrer-teeversand.de

TÖPPERHÜS OEVENUM
Petra Stölten offeriert Handgetöpfertes aus eigener Werkstatt. *Mo–Fr 14/15–18 Uhr und wenn die Tür geöffnet ist | Dörpstrat 20 a*

ÜBERNACHTEN

RACKMERS HOF
Schmuckes, sehr komfortables Hotel: Ein grundrenovierter Friesenhof und zwei neue Reetdachhäuser gruppieren sich um einen obstbaumbestandenen Garten. Elf Suiten über zwei Ebenen mit Küchenzeile und Terrasse. Kleiner Wellnessbereich und die Kapitänsstube als Raum für das sehr gute Frühstück vom Buffet. *Buurnstrat 1 | Tel. 04681 74 63 77 | www.rackmers.de | €€€*

INSIDER TIPP STERNHAGENS LANDHAUS
Am Rand der Oevenumer Marsch haben Claudia und Jörn Sternhagen ein Refugium für gestresste Stadtmenschen geschaffen. Ihr 300 Jahre alter Reethof beherbergt 15 individuell eingerichtete Zimmer und Suiten. *Sternhagens Restaurant (Fr–Mo ab 18 Uhr, Mi 19 Uhr Menü und Lesung: „Gericht-Gedichte")* bewirtet auch Nicht-Hotelgäste mit regionaler, saisonaler Küche *(Voranmeldung erbeten)*. Ende Nov.–Mitte März geschl. | *Buurnstrat 49 | Tel. 04681 5 97 90 | www.sternhagens-landhaus.de | €€€*

ZIELE IN DER UMGEBUNG

ALKERSUM (118 C4) (*M C4*)
Im Dorfkern liegt der 2009 fertiggestellte Gebäudekomplex des ⭐ ● *Museums Kunst der Westküste*. Themen der etwa 550 Bilder und Grafiken (immer 50–100 davon sind in wechselnden Ausstellungen zu sehen) umfassenden einzigartigen Sammlung sind Meer und Küste. Unter den zwischen 1830 und 1930 entstandenen Werken sind auch Gemälde von Max Liebermann, Emil Nolde und Edvard Munch. Dazu gibt es stets mehrere Ausstellungen bekannter zeitgenössischer Künstler, Videoinstallationen und spannende Projekte. Zur auch architektonisch hochinteressanten und preisgekrönten Anlage gehören der Museumsgarten und *Grethjens Gasthof (Di–So 11–17.30 Uhr | Tel. 04681 7 47 40 45 | www.grethjens-gasthof.de | €)*, der kleine Gerichte (empfehlenswert: der dänisch inspirierte „Museumsteller"), Kuchen und Torten offeriert. *März–Okt. Di–So 10–17 (Do bis 20), Nov.–Mitte Jan. Di–So 12–17 Uhr | Eintritt 8 Euro, Kombiticket mit Friesenmuseum 9,30 Euro | Hauptstr. 1 | www.mkdw.de*

MIDLUM (118–119 C–D 3–4) (*M C3–4*)
Nur 1 km nordwestlich liegt das Dörfchen Midlum, das nicht ganz so malerisch ist, aber auch viele schöne alte Häuser vorzuweisen hat.
Wer Appetit auf gute Torten hat, sollte die *Alte Schule (Mitte April–Okt. tgl. 13.30–18 Uhr | Dörpstrat 28 | Tel. 04681 84 31 | www.alte-schule-midlum.de)* aufsuchen, deren Schmuckstück der verwinkelte Garten mit lauschigen Plätzchen ist. Schräg gegenüber liegt das *Atelier* des 2009 verstorbenen Föhrer Malers Axel Gerhard alias Dax *(nach tel. Vereinbarung: 04681 9 46 | Dörpstrat 53 | www.atelier-dax.de)*, dessen ausdrucksstarke Bilder überall auf der Insel präsent sind. Wer für Vögel schwärmt und gern naturnah urlaubt, ist im *Andelhof (5 Fwg. | im Midlumer Vorland* (118 C1) (*M C3*) *| Tel. 04681 5 92 00 | www.andelhof-foehr.de | €)* richtig: Gleich hinterm Deich und neben den Teichen der INSIDER TIPP Na-

OLDSUM

Die schmucke Oldsumer Mühle dient heute als Wohnhaus

tursichtstelle des Vereins Elmeere wohnt man in hellen, großzügigen Apartments in absoluter Alleinlage.

OLDSUM

(117 F2) (*m B3*) **Die Oldsumer Mühle südöstlich des Orts weist schon von Weitem darauf hin: Dieses Dorf ist ganz besonders schön!**

Mit seinen alten, liebevoll gepflegten Reetdachhäusern und Bauerngärten hat Oldsum auch deshalb eine besondere Atmosphäre, weil sich seine Vorzüge noch nicht überall herumgesprochen haben. Das Angebot für die Urlauber hält sich deshalb auch in Grenzen. Aber wer Ruhe in einem ursprünglichen Friesendorf sucht, wird sich hier wohlfühlen. Im alten Ortskern bietet Oldsum das Bild eines intakten, gemütlichen Friesendorfs, in dem die Zeit ein wenig langsamer zu vergehen scheint. *www.oldsum.de*
Klintum und Toftum (118 A2–3) (*m B–C3*) waren einst selbstständige Dörfer, sind inzwischen aber Ortsteile von Oldsum geworden und mit diesem zu einem rundum hübschen Straßendorf zusammengewachsen.

SEHENSWERTES

MÜHLE
Nachdem die alte Mühle 1900 abgebrannt war, wurde der eindrucksvolle Galerie-Holländer erbaut, der bis Mitte der 1950er-Jahre in Betrieb war und leider nur von außen zu betrachten ist.

STELLYS HÜÜS
Dieser Familienbetrieb allein ist einen Ausflug in das Dorf Oldsum wert: Rolf Stelly hat einst aus Erinnerungs- und Fundstücken ein überbordendes, kurioses kleines *Museum (Eintritt frei)* gemacht und alle Exponate witzig und liebevoll beschriftet. In der ehemaligen Scheune des Friesenhauses kann man seine Tochter Annetta König bei der Arbeit an ihren geschmackvollen und zudem preiswerten *Töpferarbeiten* zu-

www.marcopolo.de/foehr-amrum

FÖHR

schauen und im *Café* köstlichen selbst gemachten Kuchen verspeisen. *April–Okt. tgl. 11.30–18, Nov.–März Mi–So 14–18 Uhr | Haus 38 | Tel. 04683 3 06*

ESSEN & TRINKEN

CAFÉ IM APFELGARTEN

Selbst gemachte Kuchen, Suppen und Salate, Brote mit überbackenem Schafskäse und Föhrer Landschinken – vieles davon in Bioqualität. Im Sommer gibt's warmen Zwiebelkuchen. *April–Okt. tgl. 11.30–18, im Sommer bis 21 Uhr | Haus 86 | Tel. 04683 8 98 | www.imapfelgarten.de | €*

UAL FERING WIARTSHÜS

Im „alten Föhrer Wirtshaus" gibt's solide, einfache Kost von Schnitzel bis Scholle. *Di u. Mi mittags geschl. | Haus 141 | Tel. 04683 4 65 | www.ufw-foehr.de | €–€€*

EINKAUFEN

Die Aquarelle mit Inselmotiven von Hildegard Gottfried können Sie in ihrem Atelier *(Mi u. Fr 14–18 Uhr und wenn die Tür offen ist | Haus 65 | Tel. 04683 1364)* anschauen und auch erwerben.

ART & WEISE

Hier finden Sie neben schönen Geschenken hörenswerte **INSIDER TIPP** CDs zur Entspannung vom Föhrer Hauke Nissen. Der Künstler verbindet die Klänge der Insel und des Meers mit seiner Musik. Einzigartig. *Haus 56 | www.haukenissen.de*

MARINK

Schräg gegenüber von Stellys Hüüs hat sich dieses Paradies für Dekofans und Bastelfreaks eingerichtet. Witzige Accessoires fürs Zuhause. Auch sehr schöne Seidenblumen entfalten hier

BÜCHER & FILME

▶ **Föhr-Lexikon** – Mehr geht kaum. Harry Kunz und Thomas Steensen haben ganze Arbeit geleistet. Und auch Amrum bleibt in diesem Kompendium nicht außen vor (2013)

▶ **Inselstolz** – Knud Knudsen ist Wattpostbote, Merle und Malin Dell Missier noch Schülerinnen: 28 Inselbewohner erzählen von ihrem Leben mit und in der Nordsee. Georg Waldherr und Uwe Bahn haben's aufgeschrieben (2013)

▶ **Die Nordfriesischen Inseln und Halligen** – Bildband mit beeindruckenden Luftaufnahmen von Michael Zapf, begleitet von den kenntnisreichen Texten des Amrumers Georg Quedens (2011)

▶ **Die letzte Tide** – Nach „Mit der Flut kommt der Tod", „Der Austernmörder" und „Das Grab im Deich" der vierte Fall für Wasserbauinspektor Sönke Hansen. Historische Krimis von Kari Köster-Lösche, die auf Langeneß lebt (2009)

▶ **Mörder auf Amrum** – Winter im Watt, Nebel in Nebel, die Insel schläft – und trotzdem gibt es zehn Tote in 90 Minuten. Skurriler Inselkrimi von Markus Imboden (ZDF, 2010)

▶ **Das Leben im Wattenmeer** – Die Dokumentation von Hugo van Lawick (DVD, 2006) vermittelt viel Wissenswertes in wundervollen Bildern über das Wattenmeer

SÜDERENDE

ihre Blütenpracht. *Mo–Fr 9.30–18, Sa 9.30–16.30 Uhr*

INSIDER TIPP ▶ MARMELADE & CO.
Fruchtaufstriche und -saucen, Senf, Öl, Essig – hausgemacht und so liebevoll verpackt, dass man sie gar nicht öffnen möchte. Doch das wäre schade, denn z.B. die "Föhrer Wildfrüchte" sind ein Geschmackserlebnis. *Ostern–Okt. Mo–Fr 11–18, Nov.–Ostern Mo/Di, Do/Fr 11–16 Uhr | Haus 139 | www.marmelade-und-co.de*

ÜBERNACHTEN

Im Dorf sind Ferienwohnungen und -häuser aller Kategorien zu mieten. Ein hochwertiges Angebot schöner neuer reetgedeckter Häuser hat der Vermieter *Insel Föhr Exklusiv (7 Ferienhäuser/ -apartments | Tel. 04681 7 46 17 80 | www.insel-foehr-exklusiv.de | €€–€€€).*

SÜDERENDE

(117 F3) (Ø B3) **Süderende ist ein angenehmes Dörfchen, dessen durchaus sehenswerten Ortskern jedoch viele Gäste im wahrsten Sinn des Wortes links liegen lassen, um der etwas außerhalb gelegenen Kirche St. Laurentii und ihrem Friedhof einen Besuch abzustatten.**

SEHENSWERTES

ST. LAURENTII ★ *(117 E3) (Ø B3)*
Die Kirche ist von den Dörfern, für die sie zuständig ist, nämlich Hedehusum, Utersum, Dunsum, Oldsum und Süderende, fast gleich weit entfernt. Der romanische Granitquaderbau wurde mit Backsteinen erweitert. Sehenswert sind der Altarschrein aus dem 15. Jh. und die romanische Taufe. Auf dem ● *Friedhof* stehen viele, teilweise sehr gut erhaltene "sprechende" Grabsteine, darunter auch der berühmteste Grabstein Föhrs, der des "glücklichen Matthias", der ausnahmsweise lateinisch beschriftet ist. Glücklich gepriesen wurde der als Matz Petersen am 24. Dezember 1632 in Oldsum geborene Matthias, der am 16. September 1706 starb, weil er als erfolgreicher Walfangkommandeur am Fang von 373 (!) Walen beteiligt war. *Tgl. 9–18 Uhr | Kirchen- und Friedhofsführung s. Aushang an der Kirche | www.st-laurentii.de*

ESSEN & TRINKEN

UUN'T WAANJHÜS
An der Straße nach Utersum liegt das Café-Restaurant "Im Wagenhaus" mit

---

LOW BUDG€T

▶ Da Dunsum etwas abseits liegt, sind Kuchen, Bockwurst & Co. und der Mittagstisch im Café *Zum Wattenläufer* gleich hinterm Deich ein echter Tipp. Schmankerl: günstiger Gummistiefelverleih (3 Euro/Tag) für die hier startenden Wattwanderungen. *Fr–Mi 11–18 Uhr*

▶ Schlafen im Heu in Boxen für vier bis neun Personen in der *Heu-Herberge* auf dem Hof von Familie Jensen in Süderende (20 Euro/Nacht). Küchenzeile, Frühstück, Hoftiere zum Anfassen. *Haus 26 a | Tel. 04683 13 32 | www.heuherberge-foehr.de*

▶ Viele Konzerte in den drei großen Föhrer Kirchen St. Johannis, St. Laurentii und St. Nicolai kosten keinen Eintritt – umso dankbarer ist man für eine Spende am Ende.

FÖHR

hübscher Terrasse, wo Sie sich neben Kaffee und Kuchen auch kleine Gerichte wie Flammkuchen zu Gemüte führen können. *Im Sommer Di–So 12.30–18, sonst 14–18 Uhr | Kirchweg 3 | Tel. 04683 10 79 | €*

ÜBERNACHTEN

INSIDER TIPP LANDHAUS ALTES PASTORAT

In dem geschmackvoll eingerichteten Hotel in einem Reetdachhaus von 1762, das 2009 umfassend renoviert wurde, können Hausgäste auch angemessen speisen und den schönen Garten genießen. Kleiner, feiner Wellnessbereich. *3 Zi., 5 Suiten | Nov.–Anf. Dez. geschl. | Tel. 04683 226 | www.landhaus-altes-pastorat.de | €€€*

ZIELE IN DER UMGEBUNG

INSIDER TIPP MILK AND MORE
(117 E2) (*B3*)

Nachdem die Inselmilch, „Eilun Moolk", mit den Milchpreisen der Festlandsbauern leider nicht mehr mithalten konnte, machte Familie Hinrichsen aus ihrem Hof einen – angenehm entspannten – Erlebnisbauernhof mit Hofladen und -café, Streichelzoo, Fußballgolf und Swingolf *(siehe S. 97). Aussiedlung 23 | Bushaltestelle: Klein-Dunsum | Tel. 04683 96 34 9 79 | www.milk-more.de*

GROSS-DUNSUM (117 E2–3) (*B3*)

Hier treffen sich die Wanderer, die durchs Watt nach Amrum wollen (Parkplatz am Deich). Termine für Führungen sind dort angeschlagen, aber auch bei den Kurverwaltungen zu erfahren. Die Wattwanderung zur Nordspitze von Amrum (8 km) dauert 2–2,5 Stunden und darf auf keinen Fall ohne ortskundigen Führer unternommen werden! Zurück geht's von Wittdün nach Wyk per Fähre.

Die Grabsteine erzählen Lebensgeschichten – wie hier in Süderende

WATTWANDERUNGEN

Das Nationalpark-Zentrum und der Wattführer Heinz-Jürgen Fischer bieten verschiedene Wanderungen ab Dunsum an. Die Gruppen werden beim Wandern ökologisch wie kulturhistorisch kenntnisreich unterrichtet. Eine schöne Wanderung mit Herrn Fischer führt z. B. zum Kormoransand, der Mutterbank der Seehunde *(ca. 3,5 Std., Termine im Veranstaltungskalender, Anmeldung nicht nötig | 5 Euro | Tel. 04683 14 85 u. 0175 4 60 72 92).*

UTERSUM

(117 D3–4) (*B3*) **Der Ort im Südwesten wirkt mit seinen relativ vielen neueren Häusern weniger anheimelnd als andere.** Allerdings ist der breite Sandstrand eine besondere Attraktion. Utersum ist ein an-

WYK

erkanntes Nordseebad mit einer großen Rehabilitationsklinik.

SEHENSWERTES

SUNBERIG
Einige Schritte nördlich der Kurverwaltung am Strand, direkt hinterm Deich, ist ein rund 5000 Jahre altes Steinzeitgrab zu finden, das in der Bronzezeit wieder belegt wurde. *Strandweg*

TRIIBERGEM
Nur etwa 300 m vom Strand entfernt liegen drei Hügelgräber aus der Bronzezeit zwischen 1800 und 500 v. Chr. *Triibergem*

ESSEN & TRINKEN

STAL HUK
„Hier wird selbst der Landmann satt", lautet die zutreffende Selbsteinschätzung. Ab und an steht hier friesischer Kohlpudding auf der Tageskarte, eine Spezialität, die nicht jeder mag, die allerdings auch nicht oft angeboten wird. *Mo u. Jan., Feb. geschl. | Lung Jaat 1 | Tel. 04683 13 74 | www.stalhuk.de | €–€€*

UAL SKINNE
Leckere Kuchen werden auf der Terrasse oder im gemütlichen Café serviert. Dasselbe dient ab 18 Uhr als Restaurant, in dem Luc Maréchal saisongeprägte Speisen, aber auch Französisches wie einen Loup de mer oder einen mit Boudin, der Blutwurst der Provence, gefüllten Schmorapfel serviert. *Mi geschl. | Boowen Taarep 11 | Tel. 04683 13 98 | www.ual-skinne.de | €€€*

ÜBERNACHTEN

GASTHAUS KNUDSEN
Komfortables, behagliches Haus. Im Gasthausrestaurant *(Do geschl.)* gibt's gute Fisch- und auch mal Wildgerichte. *10 Zi., 3 Apt. | Nov.–März geschl. | Boowen Taarep 15 | Tel. 04683 3 08 | www.gasthaus-knudsen.de | €–€€*

ZUR POST
Solides Haus mit Sauna, Solarium, Liegewiese und kleinem Schwimmbad. *18 Zi. | Boowen Taarep 7 | Tel. 04683 94 10 12 | www.zurpost.biz | €–€€*

Gleich um die Ecke liegt das zugehörige *Hotelrestaurant Zur Post* mit regional geprägter Küche: Krabbenbrot, Muschelpfanne, Deichlammkeule. *Mi geschl. (in der Nebensaison auch Do) | Jaardenhug 2 | Tel. 04683 96 33 30 | €€*

AUSKUNFT

FÖHR TOURISMUS GMBH
Allgemeine Informationen, Veranstaltungstermine und W.D.R.-Fahrkarten. Außerdem Strandkorbvermietung und Zimmervermittlung. *Im Haus des Gastes | Klaf 2 | 25938 Utersum | Tel. 04683 3 46 | www.utersum.de*

WYK

 KARTE IM HINTEREN UMSCHLAG (119 E5–6) *(ɱ C4)*

Mit der Fähre von Dagebüll erreicht man nach nur 50 Minuten den Hafen an der geschützten Ostseite der Insel. Bevor die Fähre tutend in das Hafenbecken eindreht, bekommen Sie als Erstes die einzigen gravierenden Bausünden auf der Insel zu sehen: Neben dem alten Stadtkern von Wyk stehen einige hässliche mehrstöckige Kästen, die allerdings von See aus viel unangenehmer wirken als im Ort selbst. „Der Ort in der Bucht", so lautet die Übersetzung von *in de Wiek,* ist spät, nämlich um das Jahr 1600, entstanden und hat erst seit 1924

FÖHR

eine eigene Kirche, als nämlich *Boldixum* (119 E5) *(M C4)* samt St.-Nicolai-Kirche Wyk eingemeindet wurde.

Wyk ist eine lebendige kleine Stadt mit angenehmer Atmosphäre. In der Hauptsaison teilen sich die 4250 Ew. ihr Städtchen mit ca. 16 000 Urlaubern. Es gibt zwar nur wenige Häuser, die älter sind als hundert Jahre, aber viele hübsche kleine Villen, liebevoll gepflegte Gärten und herrliche Bäume. Der *Sandwall*, der direkt hinter dem Strand verläuft, ist Kurpromenade und Flaniermeile in einem. Viele Tagesbesucher kommen über ihn kaum hinaus, dabei sind die Straßen in den Wohnvierteln wirklich einen Spaziergang wert. Und ab und zu trifft man dabei auf unvermutete Attraktionen. Im Wäldchen zwischen Feld- und Badestraße gibt es beispielsweise ein *Freigehege* für allerlei Vögel, die hier in einer Art Wildtiernotaufnahmestation gesund gepflegt werden. Auch einige der Föhrer Störche brüten hier, von denen manche ihren Zugdrang verloren haben. Sie bleiben auch im Winter im Gehege, ziehen hier ihre Jungen auf und gehen sogar im Watt auf Nahrungssuche *(www.inselstorch.de)*.

Denkmalgeschützt: die knuffigen Kapitänshäuser in der Carl-Häberlin-Straße

SEHENSWERTES

CARL-HÄBERLIN-STRASSE ★

Zwei schlimme Brände zerstörten 1857 und 1869 große Teile Wyks. Vom historischen Ortskern hat nur diese entzückende schmale Gasse mit den bescheidenen Kapitänshäusern und ihren Rosenstöcken vor der Tür Feuer und Abrissbirne intakt überlebt. Sie steht deshalb unter Denkmalschutz.

FRIESENMUSEUM ★

Hier können Sie nachvollziehen, wie aus Seetorf Salz gewonnen wurde und wie ein Fischgarten funktioniert, eine umfangreiche Sammlung zur Föhrer

WYK

Seefahrts- und Walfanggeschichte und eine Vogelvitrine mit über 70 Arten (ausgestopft) betrachten und durch das Haus Olesen, das älteste der Insel aus dem Jahr 1617, gehen – oder dort sogar heiraten. Das Friesenhaus stand einst in Alkersum, wurde dort zerlegt und neben dem Museum wieder aufgebaut. Eine Bockwindmühle von der Hallig Langeneß steht auch auf dem Gelände, und die beiden Eingänge zum schönen Museumsgarten mit seinen herrlichen historischen Rosenstöcken werden von Repliken der Unterkieferknochen eines Blauwals gebildet. *Mitte März–Okt. Di– So 10–17, Juli, Aug. tgl. 10–17, Nov.–Mitte März Di–So 14–17 Uhr | Eintritt 3,50 Euro, Kombiticket mit dem Museum Kunst der Westküste 9,30 Euro | Rebbelstieg 34 | www.friesen-museum.de*

GLOCKENTURM

1886 wurde der dritte Glockenturm an dieser Stelle errichtet, weil auch der zweite einem Sturm zum Opfer gefallen war. Manchem mag er etwas unnütz erscheinen, da es weit und breit keine Kirche gibt. Das aber war der Grund für den Turmbau. Denn nun konnten die Wyker mit einer Glocke vor Sturmflut oder Feuer gewarnt und zum Kirchgang gerufen werden. Die Glocken von St. Nicolai in Boldixum sind nämlich nur zu hören, wenn der Wind günstig steht. *Ecke Große Straße/Mittelstraße*

HAFEN

Hier ist immer etwas los, denn im Sommer stehen täglich bis zu 40 An- und Abfahrten der fünf Fähren auf dem Fahrplan. Nur wenige Schritte von den Anlegeplätzen entfernt residiert die *Wyker Dampfschiffs-Reederei.* Dort können Sie Fahrkarten für Ausflüge kaufen und sich die Reservierung für Ihre Rückfahrt bestätigen lassen, falls Sie mit dem Auto gekommen sind und dies nicht schon bei der Buchung erledigt haben.
Im *Alten Hafen* neben dem Fähranleger liegen neben anderen Schiffen die Muschelkutter, an der *Alten Mole* machen die Ausflugsdampfer fest, und im *Yachthafen* davor können auch Besucherboote vor Anker gehen *(Auskünfte beim Hafenamt | Hafenstr. 44 | Tel. 04681 58 06 56 | www.hafen-wyk.de).*

MÜHLE „VENTI AMICA"

Dieser Galerie-Holländer, „Freundin des Winds" genannt, wurde 1879 erbaut. Die Föhrer Heimatdichterin Stine Andresen (1849–1927) lebte hier 1879–96 mit

So etwas wie das Wahrzeichen des Orts: der Wyker Glockenturm

FÖHR

ihrem Mann, dem Müller. Die Mühle (*Mühlenstr. 33*) ist Privatbesitz und nur von außen anzuschauen.

INSIDER TIPP ▶ PARK AN DER MÜHLE
Gegenüber der Windmühle haben engagierte Föhrer ein grünendes, blühendes, plätscherndes Kleinod geschaffen – einen botanischen Park mit Ruhebänken, Wasserspielen und Boulebahn, der abends wunderschön beleuchtet wird.

SANDWALL ★ ● ☼
Auf ihre Zeit als königliche Sommerfrische sind die Wyker immer noch stolz, und ihr verdanken sie auch ihre feine Promenade, den Sandwall. Die meisten der Ulmen, die der dänische König den Wykern einst für ihre Flaniermeile schenkte, fielen der Ulmenkrankheit zum Opfer. Vor den Geschäften und Cafés ist ein großes Stück der Promenade als schmaler Park angelegt und erlaubt zwischen den ersatzweise gepflanzten Kastanien schöne Aussichten auf Halligen, Wasser, Badestrand und die beiden alten Anlegebrücken. Die Betreiber der Cafés und Bistros haben Tische, Stühle und Strandkörbe aufgestellt, sodass Sie hier problemlos einen ganzen Sommertag verträumen können. Der Stolz der Wyker wurde 2009 unter Einbeziehung des hübschen alten *Musikpavillons* umgestaltet, mit einem ins Meer ragenden Holzdeck an der Mittelbrücke und dem *Gezeitenbrunnen* des Bildhauers Markus Thiessen aus Süderende, der den Verlauf der Tide im nordfriesischen Wattenmeer im Zeitraffer darstellt.

Vom Sandwall gehen die *Große Straße* und die *Mittelstraße* mit zahlreichen Geschäften und Restaurants ab. Beide Straßen und ihre Nebenstraßen sind wie der Sandwall für Autos und Radfahrer tabu. Spazieren Sie auf der Promenade nach Süden, kommen Sie, vorbei am Schachfeld und einer großen Steinskulptur namens „Blick von Föhr", zum bescheiden wirkenden, aber kräftig blinkenden Wyker Leuchtturm *Olhörn*. Wenn Sie weitergehen bis ganz zum Ende der Promenade, begegnen Sie drei weiteren Skulpturen von Markus Thiessen „mit Durchblick", die Ihnen ganz neue Perspektiven des Wattenmeers eröffnen: „Blick auf Oland", „Blick nach Langeneß" und „Blick auf Amrum".

ST. NICOLAI
Im Westen des Ortsteils Boldixum steht der imposante spätromanische Ziegelsteinbau, der 1240 zum ersten Mal urkundlich erwähnt wurde. Schauen Sie sich den Altar von 1643 von Johann von Stedesand, den Taufstein aus dem 13. Jh. und die Orgel von 1735 an. Auch auf diesem Friedhof finden sich viele alte „sprechende" Grabsteine, die Geschichten aus längst vergangenen Zeiten erzählen. *Mo–Sa 8–16.15 Uhr, So nach dem Gottesdienst bis 16.15 Uhr | Führung, z. T. mit Orgelvorführung, s. Aushang an der Kirche und beim Tourismusservice | www.inselkirche.de*

ESSEN & TRINKEN

ALT WYK
Ein Stern strahlt über dem besten Restaurant der Insel. Hervorragende, kreative Küche mit Produkten der Saison: Die Maultaschen sind ebenso ein Gedicht wie das mit Schafskäse gratinierte Lammkarree oder das „Cordon bleu" von der Seezunge. Gute Weinkarte (vorwiegend deutsche Gewächse), tolle Desserts. *Juni–Mitte Okt. Mo- u. Di-Mittag sowie Di geschl., April/Mai, Mitte Okt.–Mitte Nov., Mitte Dez.–Anf. Jan. Mi-Mittag u. Mo/Di geschl., Mitte Feb.–März Mo–Mi sowie Do- u. Fr-Mittag geschl. | Große Str. 4 | Tel. 04681 32 12 | www.alt-wyk.de |* €€€

WYK

INSIDER TIPP ALTE DRUCKEREI – DIE WEINSTUBE
Neben Weinen auch Kaffees und Gebäck, Flammkuchen und gute (nicht billige) Käseteller. Kleiner Innenhofgarten. Einzigartig auf den Inseln ist der regelmäßige abendliche *Kultursalon* mit Musik und Lesungen. *Tgl. | Mittelstr. 17 | Tel. 04681 74 81 81 | www.dasweinkontor.com | €€*

DIE 13
Restaurant und Café in einem denkmalgeschützten Haus von 1889. Bei schönem Wetter stehen drei Tische an der malerischen Gasse. Empfehlenswert sind hier die Pfannengerichte und die Spezialitäten vom Föhrer Deichlamm. *So, Nov. u. 15. Jan.–Mitte März geschl. | Carl-Häberlin-Str. 13 | Tel. 04681 16 13 | €€*

FIETIS 🌿
Föhrs Steakhouse. Lavasteingrill, Fischgerichte und tolle Salate. Viele Produkte kommen vom Biobauern, auch Wein, und die meisten aus der Region. *Mo geschl. | Mittelstr. 9 | Tel. 04681 74 33 22 | www.fietis.com | €€*

FRIESENJUNG 🌿
Lockeres Bistro mit vielen regionalen Produkten. Vom Frühstück über die „Friesische Brotzeit" bis zum pfündigen T-Bone-Steak. *Tgl. | Süderstr. 6 | Tel. 04681 50 18 30 | friesenjung-foehr.de | €€*

GODEWIND
Gute Küche, ständig wechselnde Tagesgerichte. Klassiker sind der überbackene Schafskäse und die Kutterscholle. ❄ Terrasse mit Blick auf Park und Mühle. *Di geschl. | Feldstr. 12 | Tel. 04681 55 52 | www.restaurant-godewind.de | €€*

KLEIN-HELGOLAND ❄
Vorm Deich mit Blick aufs Meer und den Yachthafen köstlichen selbst gebackenen Kuchen essen oder Flammkuchen, Krabbensuppe oder Wiener Schnitzel. Gute Weine; Terrasse. *Juli/Aug. Mo geschl., April–Juni, Sept./Okt. Mo/Di geschl., Jan., März, Nov./Dez. Mo–Mi geschl. | Achtern Diek 14 | Tel. 04681 7 47 16 73 | www.cafe-klein-helgoland.de | €–€€*

INSIDER TIPP OSTERIA MICHELE
Wer einmal den Weg ins Souterrain des *Hotels Gregory (7 Zi., 1 Suite | €€)* gefunden hat, kommt wieder. Relativ kleine Karte, riesige Qualität! Die Pasta ist zum Teil handgemacht, das Kalbsmedaillon saftig, der Fisch fangfrisch. Im Sommer auch Tische auf der Terrasse. Reservieren! *Mo geschl. | Georg-Reimers-Weg 1 | Tel. 04681 31 33 | www.hotelgregory.de | €€€*

STÖRTEBEKER 🌿
Gemütlich sitzen und gesund essen: Vollkornpizza, Vegetarisches, aber auch Fisch und Lammspezialitäten. Wein aus biologischem Anbau. *Mo geschl. | Reidschott 2 (an der großen Kreuzung) | Wyk-Boldixum | Tel. 04681 89 01 | €–€€*

EINKAUFEN

ANKE SCHEUERMANN
Auf Föhr gibt es viele gute Schmuckdesigner. Herausragend sind die schlichten Kreationen dieser Künstlerin. *Mo–Fr | Wlhelmstr. 8 | www.ankescheuermann.de*

AUGENWEIDE
Stimmt. Die Windspiele aus Metall mit den farbigen Glaskugeln sind eine wahre Augenweide. Zudem Schmuck, Halstücher und Dekoratives. *Süderstr. 12*

FLEISCHEREI FRIEDRICHS
Milder Katenschinken, Labskaus, Sauerfleisch von Lamm und Schwein und vieles mehr – alles selbst hergestellt, bis hin zu den nach Familienrezepten gebackenen

FÖHR

INSIDER TIPP Küstenkuchen in der Dose. *Mittelstr. 14 | www.inselschlachter.com*

FÖHRER TEEKONTOR
Friesen und Tee – das gehört nach landläufiger Meinung irgendwie zusammen. Hier gibt's alles rund um dieses Getränk – auch das Hochprozentige, das die Friesen da ganz gern mal reintun. Außerdem: Leysieffer-Schokoladen. *Mittelstr. 35*

UWES BERNSTEIN
Uwe Petersen schleift den Bernstein, den er findet oder den Fischern abkauft, selbst. Die Auswahl ist außerordentlich. *Sandwall 54 | www.uwebernstein.de*

WIND & FREUNDE
Das passt zu einer Nordseeinsel: Drachen und Windspiele in großer Farb- und Formenvielfalt. Ausprobieren und Schnupperkurse sind möglich. *Mühlenstr. 15 a | www.windundfreunde.de*

WOLLFLUR
Bei Gaby Brandt gibt's Felle, Naturwolle und Handgestricktes aus Wolle von den Schafen, die hinter ihrem Haus in Oldsum grasen. *Boldixumer Str. 9*

INSIDER TIPP ZEITLOS
Der richtige Laden für ein geschmackvolles Urlaubsmitbringsel. Vom Osterei bis zur Christbaumkugel, von der Tasse bis zur Tischdecke: stilsicher zusammengestellte Wohnaccessoires. *Mühlenstr. 5*

SPORT & STRÄNDE

Die Wyker sind stolz auf ihren schönen langen Sandstrand, der sich vom Hafen bis nach Nieblum zieht. Beim Flugplatz – bis hier reicht auch die oberhalb des Strands verlaufende Promenade – ist ein Abschnitt FKK-Anhängern vorbehalten. Es gibt zwei Nichtraucherzonen, eine zwischen der Mittel- und der Segelbrücke und eine weitere an der Südstrandbrücke, auf deren westlicher Seite sich der Drachenstrand befindet. Auch gibt es mehrere ausgewiesene Sport- und Spielzonen. Auf Höhe des Nordsee-Kurparks finden Sie die angesagten Strandbars und Surfspots *Pitschi's Surfhütte* und *Schapers*

Beliebt bei Jung und Alt ist der Wyker Strand nicht zuletzt wegen seines Freizeitangebots

WYK

Aquaföhr: Wenn's mal regnet, gibt's die Nordsee auch überdacht

Bistro (April–Okt. ab 10, Juli/Aug. ab 9, sonst Mo–Fr 18–22, Sa/So 12–22 Uhr | €).

AQUAFÖHR ●
Das Meerwasserwellenbad bietet 29–35 Grad warmes Nordseewasser, ein Außenbecken, einen Wildwasserkanal und eine 70-m-Rutsche. Thalassotherapie und Wellness aller Art gibt's im *Aquafit* mit u. a. Saunalandschaft und diversen Pools. Im *Bistro Aquamarin (tgl. 9–22, im Winter Di–So 11–18 Uhr | €)* schaut man von der ☼ Sonnenterrasse aufs Meer oder anderen beim Schwimmen und Schwitzen zu. *Tgl. 10 bis max. 21 Uhr (je nach Bad), Weihnachten bis Mitte Jan. stark eingeschränkte Öffnungszeiten | Eintritt ab 4 Euro | Stockmannsweg 1 | www.aquafoehr.de*

AM ABEND

ERDBEERPARADIES
Das „E.P." besteht seit 1898, hat Generationen von Föhrern und Urlaubern den Abend gerettet und ist heute eine nette Kneipe mit allem, was so dazugehört. Küche (gute Pizzas) bis 23 Uhr. Biergarten, Poolbillard, (Steel-)Darts. Ab und an Veranstaltungen und Livemusik. *Tgl. ab 20 Uhr | Ocke-Nerong-Str. 29 | Wyk-Boldixum | Tel. 04681 74 84 75 | www.erdbeerparadies-foehr.de*

INSIDER TIPP ▶ HEIMAT-HAFEN
Die Kneipe mit Raucherlaubnis in der ehemaligen Maschinenbauwerkstatt am Alten Hafen ist nicht nur Anlaufstelle für Freizeitkapitäne und Sportbootskipper. Viele der alten Werkbänke sind stehen geblieben und dienen nun als Tresen, um bei geistigen Getränken Seemannsgarn zu spinnen. *In der Segelsaison Di–So ab 18 Uhr, sonst eingeschränkte Öffnungszeiten | Hafendeich*

OLYMPIC
Die Schallwellen schwappen hoch in Föhrs Disko, aber nur am Wochenende. *Fr/Sa ab 23 Uhr | Eintritt 3,50 Euro, bis 24 Uhr frei | Koogskul 6 (im Gewerbegebiet am Hafen) | Tel. 04681 37 44 | www.disco-olympic.de*

ÜBERNACHTEN

DUUS-HOTEL
Gepflegtes, traditionsreiches Haus mit dem guten *Restaurant Austernfischer (Do geschl. | €€–€€€)*, nur wenige Schritte vom Hafen entfernt. *22 Zi. | Ende Nov.–Mitte Feb. geschl. | Hafenstr. 40 | Tel. 04681 5 98 10 | www.duus-hotel.de | €€*

HAUS FRIEDRICHSEN
Villa im Stil der Bäderarchitektur. Komfortable Wohnungen für zwei bis vier Personen, zu denen auch je ein Strandkorb im Strandabschnitt 20 gehört. Und Vorsicht: Der Laden im Souterrain des Hauses verführt täglich aufs Neue dazu, eine Kleinigkeit zur Verschönerung der heimi-

FÖHR

schen Wohnung zu erwerben. *5 Fwg. | Gmelinstr. 22 | Tel. 04681 7 47 42 10 | www.hausfriedrichsen.de | €€*

JUGENDHERBERGE
Hier können Sie nur nach schriftlicher Voranmeldung übernachten. *162 Betten in Zwei-, Vier- und Sechsbettzimmern | Mitte Nov.–Mitte Feb. geschl. | Fehrstieg 41 | Tel. 04681 23 55 | www.wyk.jugendherberge.de | €*

KURHAUS HOTEL
Großzügige, komfortabel-behagliche Zimmer, ☼ viele mit Meerblick, im alten, renovierten Kurhaus. Sauna, Fitness. Kurhauscafé. *36 Zi. | Nov.–März geschl. | Sandwall 40 | Tel. 04681 792 | www.kurhaushotel-wyk.de | €€–€€€*

AUSKUNFT

FÖHR TOURISMUS GMBH
Neben der Auskunftsstelle am Fähranleger gibt es weitere Tourismusinformationen im *Veranstaltungszentrum* mit dem ● *Kurgartensaal (Sandwall 38)* und im *AquaFöhr (Stockmannsweg 1).*

ZIELE IN DER UMGEBUNG

VOGELKOJE BOLDIXUM ●
(119 E5) (*C4*)
Die einzige Föhrer Vogelkoje, die – sorgfältig restauriert – bei **INSIDER TIPP** Besichtigungen zugänglich ist, liegt im Norden von Wyk gleich hinterm Deich. *April–Okt. Mo–Fr 10–12 Uhr | Eintritt frei*

WRIXUM (119 D–E4–5) (*C4*)
Wrixum ist mit Boldixum zusammengewachsen, und auch hier gibt es noch schöne alte Friesenhäuser. Die *Wrixumer Mühle,* ein 1851 erbauter Erdholländer, war bis 1960 in Betrieb. Heute beherbergt sie das stilvoll eingerichtete Restaurant *Die Mühle (tgl. ab 17 Uhr, Mitte Jan.–Mitte Feb. geschl. | Tel. 04681 87 17 | €€–€€€)* mit guter, reichhaltiger Küche: von der „Wrixumer Lammpfanne" bis zur „pfündigen Nordseescholle".

1,5 km von Wyk entfernt, aber dafür besonders ruhig wohnt man im *Inselhotel Arfsten (21 Zi. u. Suiten | Ohl Dörp | Tel. 04681 23 31 | www.arfsten.de | €€€)* am Rand der Marsch. Große Zimmer, zum Teil mit eigener Küche, schöner Garten.

ELMEERE

Bis Mitte der 1960er-Jahre war die Marschenwelt auf Föhr noch in Ordnung: Fauna und Flora wurden von Ackerbau und Viehzucht kaum beeinträchtigt. Dann aber kam die Flurbereinigung, und die Marsch, die bis dahin im Winter unter Wasser stand, wurde entwässert. In der Folge verschwanden viele Blütenpflanzen, Amphibien und etwa 20 Vogelarten von der Insel. Um die einmalige Natur des Inselinneren zu erhalten, gründete der Föhrer Dieter Risse 1993 den Verein „Elmeere", benannt nach der Seenlandschaft, die einst zwischen Süderende und Utersum lag. Sein Ziel: Kauf und Renaturierung von Grünlandflächen. Trotz anhaltenden Widerstands von Teilen der Bauern- und Jägerschaft ist die Bilanz eindrucksvoll: Bis heute wurden 83 ha Fläche aufgekauft und bislang zu über einem Drittel aufwendig renaturiert, sodass sogar so seltene Vögel wie Rohrdommel und Löffler zurückkehren konnten. *www.elmeere.de*

Bild: Vordünen

AMRUM

Amrum gibt sich bescheiden und ist auch deshalb etwas Besonderes geblieben. Während sich auf Föhr, Nordstrand und Pellworm die Festlandslandschaft fortsetzt, überrascht Amrum mit einer völlig anderen.

Die Dünenkette, die sich von Wittdün im Süden bis zur Amrumer Odde an der Nordspitze mehr als 10 km lang erstreckt, geht über in einen einzigartigen Strand. Er sorgte auch für den Namen, denn *Am Rem* heißt „sandiger Rand". Eigentlich ist der ⭐ *Kniepsand*, der an manchen Stellen 1,5 km breit ist, eine riesige Sandbank, die sich Jahr für Jahr um etliche Meter nach Norden verschiebt und erst seit rund 200 Jahren vor der Insel liegt. Wer in der oft beträchtlichen Brandung baden will, muss also erst einmal tüchtig laufen, bis er den Flutsaum erreicht. Aber gerade das schätzen Amrum-Urlauber: Am Kniepsand verteilen sich selbst im Hochsommer die Gästescharen so bekömmlich, dass der Eindruck von Weite nie verloren geht. Da Sprachforscher immer noch rätseln, was „kniep" ursprünglich bedeutet hat, ist eine Erklärung in Umlauf, die sich der Erfahrung an windigen Tagen verdankt: Kniep heißt der Sand, weil er, vom Wind getrieben, ganz schön kniepen, also zwicken kann.

Der Kniepsand, mit ungefähr 10 km^2 fast halb so groß wie die Insel (20 km^2), ist für Amrum ein natürlicher und verlässlicher Küstenschutz. Schiffen wurde er allerdings oft zum Verhängnis. Untiefen und Sandbänke im Wattenmeer stellen auch heute Gefahren dar, die den Wunsch, ein

Kleine Insel mit großartiger Natur: Kniepsand und Dünen, Wald und Heide machen Amrum zu einem ganz besonderen Inselerlebnis

Schiff möge immer eine Handbreit Wasser unter dem Kiel haben, immer noch zeitgemäß erscheinen lassen. In früheren Jahrhunderten waren die Amrumer gefürchtete Strandräuber, sodass im 15. Jh. erstmals ein Strandvogt eingesetzt wurde, der den Beutemachern am Strand das Handwerk legen sollte.

Zu jedem Inselort gehören bewachte Badestrände mit Strandkörben – sowohl für Leute mit als auch ohne Badeanzug. Der herrliche, breite Dünengürtel Amrums steht unter Naturschutz und darf nur auf den Bohlenwegen betreten werden. Bei Wittdün, Süddorf, Norddorf und dem Quermarkenfeuer kurz vor Norddorf hat man von den bis zu 32 m hohen Aussichtsdünen einen wunderbaren Blick. An Kniepsand und Dünengürtel schließt sich ein Streifen mit der für Amrum typischen Vegetation an: Heide, aus der im Frühjahr gelb der Ginster leuchtet, und würzig duftender Kiefernwald. Bäume und Blumen haben es schwer auf dieser Insel. Salzhaltige Luft und Wind bremsen ihr Wachstum. Doch in Nebel und Norddorf können Sie im Sommer an herrlich blühenden Gärten vorbeischlendern. Und die Aufforstung mit Laub- und Nadelbäumen hat Amrum inzwischen zur waldreichsten Nordseeinsel gemacht, deren Baumbestand durch die Orkane zum Jahresende 2013 allerdings so stark risch. Bei Sturmfluten geht es auch hier hoch her. Und deshalb gibt es zwischen Wittdün und Steenodde und im Norden der Insel Deiche. Zwischen Watt und Geest liegt die grüne Marsch, von der nur noch ein kleiner Teil landwirtschaftlich genutzt wird.

Herrlicher Aussichtspunkt: Quermarkenfeuer südlich von Norddorf

in Mitleidenschaft gezogen wurde, dass die Behörden um Spenden für die Wiederaufforstung baten.

Am Rand des Waldstreifens verläuft die Straße, die von Wittdün nach Norddorf führt. Östlich der Straße auf dem flutsicheren Geestrücken Amrums liegen die Orte Süddorf und Nebel. Die Nordspitze, die Amrumer Odde, ist ein Vogelparadies und Naturschutzgebiet.

Das Wattufer im Osten steht wiederum für eine ganz andere Naturerfahrung. Hier glänzt das Meer die meiste Zeit über durch Abwesenheit und bietet so zahlreichen Vogelarten einen nahrhaften Boden. Aber die Ruhe im Watt ist trüge-

Auf die Zeit zwischen 3000 und 1600 v. Chr. wird die früheste Besiedlung der Insel datiert. Aus der Bronzezeit, in der neue Bewohner vom Festland auf die Insel kamen, gibt es zahlreiche Hügelgräber, etliche davon sind erhalten und leicht zu erkennen. Aus der Wikingerzeit stammt der beeindruckende Wall zwischen Nebel und Steenodde, der *Krümmwal*. Welche Funktion er einst hatte, ist bislang ungeklärt.

Die Amrumer standen dem Fremdenverkehr zu Beginn mit schroffer Ablehnung gegenüber. 1885 wehrte die Gemeindevertretung die Erteilung einer Badekonzession mit der Begründung ab, dass

AMRUM

man „den Verderb der guten hiesigen Sitten durch Badeleute befürchten muss, wie Beispiele im benachbarten Wyk und Westerland zur Genüge beweisen". Aber nachdem die Amrumer von höherer Stelle den Befehl bekommen hatten, eine Konzession zu erteilen, nützte aller Widerstand nichts mehr, und auf der unbebauten Südspitze der Insel wurde 1889 das erste Hotel eröffnet. Um die hochherrschaftlichen Gäste von dort bequem an den Kniepsand zu bringen, baute man sogar eine Eisenbahn, die 1900 erweitert wurde und über Nebel bis Norddorf führte. 1939 wurde der Bahnbetrieb stillgelegt. Heute gibt's *Insel-Paul (April–Okt., Abfahrtszeiten auf den Hinweistafeln in den Inseldörfern | Fahrt 10 Euro)*, die blau-weiße Inselbahn. Paul ist ein als Lok „verkleidetes" Auto mit zwei Waggons, das Sie in 70 Minuten mit 20 km/h über ganz Amrum kutschiert.

Obwohl der Fremdenverkehr heute die wichtigste und fast einzige Einnahmequelle der Amrumer ist, ist ihnen eine tiefe Skepsis geblieben, die dem Wunsch entspringt, Amrum müsse das Zuhause der rund 2250 Insulaner bleiben, solle nicht durch Neubauten zu einem Klein-Sylt und durch täglich anreisende Touristenscharen zu einer einzigen Promenade werden. So verhalten sich viele Amrumer Touristen gegenüber reservierter als andere Insulaner, und man begegnet auch solchen, die den Servicegedanken noch immer nicht so ganz verinnerlicht haben. Seit Jahren ist das Bauen auf der Insel streng reglementiert. Auch wurden und werden viele Fremdenzimmer umgebaut und zu Apartments und Ferienwohnungen zusammengelegt, sodass die Zahl der Gästebetten in den letzten Jahren eher abgenommen hat. Die Übernachtungszahlen (2012: 150 000 Gäste) stagnieren seit einigen Jahren auf hohem Niveau, auch weil viele Urlauber den Winter auf Amrum noch nicht für sich entdeckt haben: Dabei ist die Luft dann noch reiner, der Himmel noch klarer, und passionierte Strandläufer schwören geradezu auf die Zeiten, zu denen sie auf dem Kniepsand kaum jemandem begegnen. Allerdings sind im Winter, außer über Weihnachten und Neujahr, viele Restaurants und Läden geschlossen.

Wer abends etwas unternehmen will, hat im Sommer viele Möglichkeiten. Der Veranstaltungskalender bietet ein abwechslungsreiches Programm. Die zahlreichen Stammgäste, vor allem Familien mit kleineren Kindern und Gäste über 40, kommen aber gerade der Ruhe wegen. Für Jugendliche sind da eher die vielen (Wasser-)Sportangebote interessant, die Strandfeten und Diskoabende.

Wer einigermaßen gut zu Fuß ist oder gern Fahrrad fährt, kann getrost ohne Auto nach Amrum reisen. Am weitesten liegen Norddorf und Wittdün mit 10 km auseinander. Nirgendwo ist die Insel breiter als 3 km. Die einzige Landstraße, die diese Orte verbindet, ist für Radfah-

---

MARCO POLO HIGHLIGHTS

★ Kniepsand
15 km lang und bis zu 1,5 km breit ist dieser fulminante Strand, der fast die Hälfte der Insel einnimmt → S. 54

★ St. Clemens
Reetgedeckte Kirche in Nebel, Amrums schönstem Dorf, und ebenso sehenswert wie die alten Grabsteine auf dem sie umgebenden Friedhof → S. 60

★ Leuchtturm
300 Stufen führen zu einem grandiosen Blick über Inseln und Halligen → S. 65

rer und Fußgänger allerdings gefährlich und sollte selbst für kurze Strecken strikt gemieden werden. Auf den gut gekennzeichneten Radwegen durch den Wald oder die Marschen ist es nicht nur sicherer, sondern auch viel schöner. Für Wandersleute und Spaziergänger gibt es zahlreiche autofreie Wege. Und sollte Ihnen die Puste ausgehen: Busse verkehren in der Saison tagsüber halbstündlich, abends (17.30–22.20 Uhr) noch fünfmal in größeren Abständen.

AUSKUNFT FÜR AMRUM

AMRUM TOURISTIK
Gastgeberverzeichnis und Zimmernachweis. *Am Fähranleger | 25946 Wittdün | Tel. 04682 9 40 30 | www.amrum.de* Zimmervermittlung: *Amrum Reservierungsdienst | Strandstr. 6 | Wittdün | Tel. 04682 9 46 40 | www.amrum-reservierung.de*

NEBEL

(120–121 C–D3) (A–B4) **Nebel ist zweifellos das schönste Dorf Amrums. Der gut erhaltene historische Dorfkern rings um die St.-Clemens-Kirche ist mit seinen alten Friesenhäusern und hübschen Gärten geradezu ein nordfriesisches Bilderbuchdorf.**

Die ersten Häuser wurden vermutlich erst Anfang des 16. Jhs. erbaut. Der Name Nebel bedeutet *Neues Bohl* (neue Gemeinde) und weist auf eine spätere Gründung als die von Nord- und Süddorf hin. Im Ortsteil *Westerheide* liegen die oft sehr hübschen neueren Häuser zwischen Straße und Dünen im Wald.

Die Dörfer Süddorf und Steenodde gehören zur Gemeinde Nebel, die dadurch die größte der Insel ist. In Nebel befinden sich auch das Inselamt, das Polizeirevier und im Ortsteil Süddorf die Dörfergemeinschaftsschule (Öömrang Skuul). Die alten Bauernhäuser in Süddorf und Nebel aus dem 18. und 19. Jh. sind vielfach noch nicht weiß, sondern im typischen friesischen Rostrot gestrichen, das Ochsenblut genannt wird. Schmale, zum Teil unasphaltierte Wege führen zwischen den mit Heckenrosen oft über und über bewachsenen alten Gartenmauern entlang. Es ist zu hoffen, dass der alte Ortsteil von Nebel bald ausnahmslos für Autos gesperrt wird, denn an schönen Sommertagen herrscht oft ein heilloses Gewirr aus PKWs, Fahrrädern, Kinderwagen und Spaziergängern.

Das winzige Dorf *Steenodde* *(121 D4) (B5)* ist erst 1721 entstanden. Aber vor- und frühgeschichtliche Funde am Ortsrand (ausgeschildert) lassen auf eine sehr frühe Besiedlung schließen.

LOW BUDGET

▶ Einige Vermieter von Ferienwohnungen bieten ihren Gästen freien Eintritt ins *Amrum-Badeland (s. S. 66)*, und zwar ins Wellenbad und/oder in die Sauna. Genaueres finden Sie im Gastgeberverzeichnis.

▶ Im *Süddorfer Strandhäuschen (tgl. | Tanenwai | Tel. 0151 40 43 09 51 | www.strandhaeuschen-sueddorf.de)* gibt's neben Kuchen auch Tellergerichte (ab 4 Euro) fürs kleine Budget.

▶ Die *Jugendherberge* in Wittdün *(Mitte Nov.–Mitte Feb. geschl. | Mittelstr. 1 | Tel. 04682 20 10 | www.djh.de)* ist ob ihres günstigen Preis-Leistungs-Verhältnisses stets gut frequentiert; man muss sich schriftlich anmelden.

AMRUM

Vom 11. bis zum 19. Jh. war die Austernfischerei ein wichtiger Erwerbszweig: Von Steenodde liefen die Fischer zu den Austernbänken im Wattenmeer aus.

Heute leben übrigens wieder wilde Austern zwischen Amrum und Föhr, von denen in der Austernsaison (Sept.–Mai) etwa 1000 Stück im Monat von Hand gesammelt und in wenigen Restaurants zum Genuss angeboten werden.

Süddorf (120 C4) (*A–B5*) ist vermutlich so alt wie die St.-Clemens-Kirche, also knapp 800 Jahre. Die zum großen Teil sehr schönen Häuser stehen so weit auseinander, dass hier und da Platz ist für ein neues Gebäude – mit Reetdach versteht sich. In Süddorf ist es selbst in der Hochsaison beschaulich, und in *Otti's Laden* gibt es alles Nötige, von frischen Brötchen über Obst bis zur Tageszeitung.

SEHENSWERTES

MÜHLE UND AMRUMER MUSEUM

Durch einen der „sprechenden" Grabsteine auf dem St.-Clemens-Friedhof lässt sich der Bau der Mühle auf das Jahr 1771 datieren. Als der letzte Müller 1964 gestorben war, wurde im ehemaligen Lagerraum des immer noch funktionsfähigen reetverkleideten Erdholländers ein Museum eingerichtet. Hier können Sie u. a. die Geschichte von Leuchtturm und Inselbahn erkunden. In jeder Saison gibt es zwei bis vier Ausstellungen von Bildern mit Amrumer Motiven. Gegenüber, auf der anderen Straßenseite, sind auf einem kleinen **INSIDER TIPP** *Friedhof* 32 Unbekannte begraben, die das Meer an Amrums Küsten spülte. *April–Okt. tgl. 11–16 Uhr | Spende erbeten | www.amrumer-windmuehle.de*

ÖÖMRANG HÜS

Historisches Friesenhaus. Sehenswert: die Wohnstube mit einer wunderschönen Kachelwand und einem schmiedeeisernen „Bilegger"-Ofen und die Küche mit einem *Eldag,* einer fast mittelalterlichen Feuerstelle – die einzige originale (außerhalb von Museen) in einem nordfriesischen Haus. Ergänzt wird das

Sommerliche Blütenpracht vorm Friesenhaus: typisch für das schnuckelige Dorf Nebel

NEBEL

Ensemble durch eine jährlich wechselnde Ausstellung zur Geschichte Amrums. *In der Hauptsaison Mo–Fr 11–13.30 u. 15–17, Sa 15–17, sonst Mo–Fr 15–17 Uhr | Spende erbeten | Waaswai 1 | www.oeoemrang-hues.de*

St. Clemens: „sprechende" Grabsteine und ein leuchtend weißer Kirchturm

ST. CLEMENS ★

Die elegant wirkende Kirche wurde um 1200 vermutlich als Kapelle erbaut und Anfang des 18. Jhs. verlängert. Den Kirchturm gibt es erst seit 1908. Mit seinen weiß verputzten Mauern und dem reetgedeckten Kirchenschiff ist St. Clemens für die Region ungewöhnlich. Der Ort Nebel wuchs später um die Kirche herum. Sehenswert sind die Taufe aus Bornholmer Granit und Muschelkalk, die Apostelreihe aus dem 14. Jh. und das Kruzifix von ca. 1480. Etliche Einrichtungsstücke sind Stiftungen von Seefahrern.

90 *Grabsteine* auf dem Friedhof stehen unter Denkmalschutz. Die ältesten stammen aus dem 17. Jh. Der Inselforscher und -chronist Georg Quedens hat die Inschriften entziffert und zu einem einzigartigen Dokument zusammengestellt, das die Geschichte Amrums auf vielfache Weise erhellt. So erzählt z. B. der Grabstein des Hark Olufs von einer besonderen Gefahr: 16-jährig war er „von den türkischen See-Räubern zu Algier 1724 gefangen genommen worden". Nach elf Jahren wurde er freigelassen und kam mit gutem Lohn für Dienste in der Gefangenschaft nach Amrum zurück, wo er als „grosser Kriegesheld" gefeiert wurde. Dem Lebendigen zugewandt sind die regelmäßigen Konzerte *(meist samstagsabends | Eintritt frei, Spende erbeten). Tgl. 9–17 Uhr | Kirchen- und Friedhofsführungen Mitte April–Mitte Okt. Di 17 Uhr | www.amrum-kirche.de*

ESSEN & TRINKEN

FRIESEN-CAFÉ

Gemütlich sitzt man in dem Haus von 1745 oder im Garten. Friesentorte und -waffeln sind hier besonders gut. *Mo geschl. | Uasterstigh 7 | www.friesen-cafe.de*

INSIDER TIPP LIKEDEELER

Gemütliches Restaurant im letzten Haus des Dorfs, mit Garten direkt am Watt. „Meeresbrühe" (Fischsuppe), Lammfleischsalat oder Spaghetti „Hubsand" (mit Muschelfleisch, Fischwürfeln und Knobi) bereiten kulinarisches Vergnügen. Abends kommt man gern auf ein Bier. *Mi–Mo ab 17 Uhr | Stianoodswai 29 a | Steenodde | Tel. 04682 777 | www.likedeeler-amrum.de | €€*

PREESTER'S HÜS

Speisen in der Friesenstube vor dem Kachelofen und auf Häkeldeckchen. Es

AMRUM

gibt frischen Fisch direkt vom Kutter: Rotzunge, Nordsee-Seezunge oder Baby-Steinbutt, dazu Miesmuscheln und gute Steaks. Herrlich gemütlich! *Fr–Mi ab 17 Uhr | Waasterstigh 17 | Tel. 04682 99 53 35 | www.preestershues.com | €€*

SEEKISTE

Dieses Restaurant hat wirklich etwas von einer Seemannskiste, einer höchst gemütlichen! Spezialitäten wie „friesische Tapas", Lammfrikadellen oder Scholle tragen das Ihrige dazu bei. Apropos: Voll ist es hier immer, man sollte zeitig reservieren. Wintergarten und Gartenterrasse. *Mo u. 15. Nov.–14. März geschl. | Smääljaat 2 | Tel. 04682 6 40 | www.seekiste-amrum.de | €€–€€€*

RISTORANTE VENEZIA

Nein, keine Pizzeria! Sondern ein gutes Restaurant, in dem (Nordsee-)Fisch und Fleisch durch italienische Kochkunst veredelt werden. Es gibt aber auch Spaghetti & Co. und gute Pizzas. Günstiger Mittagstisch; Terrasse. *Mi-Mittag geschl. | Höwjaat 2 | Tel. 04682 96 15 26 | €€*

INSIDER TIPP WELTENBUMMLER

Bei Jes Autzen werden Sie sich wohlfühlen: Zanderfilet mit Krustentiersauce oder Lammhüfte mit Rotweinjus machen genauso viel Spaß wie der friesisch-charmante Service und die guten Weine. Überdachte Terrasse für den Nachmittagsimbiss. *Mo geschl. | Stianoodswai 17 | Steenodde | Tel. 04682 9 42 40 | www.weltenbummler-amrum.de | €€–€€€*

EINKAUFEN

INSIDER TIPP DÖRNSK AN KÖÖGEM

In der schnuckeligen „Stube und Küche" gibt's Porzellan, Bernstein, Tee, Pralinen, Eingemachtes und Eingelegtes … Der Clou: Mittendrin und draußen vor der Tür oder im Hofgarten serviert Hilke Friedrichs Getränke aller Art und essbare Kleinigkeiten. *So geschl. | Uasterstigh 19*

FARBRAUSCH

Eintreten, Zeit mitbringen, Keramikrohling (Becher, Teller etc.) aussuchen und mithilfe der freundlichen Inhaberinnen selbst bemalen. Ein paar Tage später das gebrannte und glasierte tönerne Kunstwerk abholen. *In der Saison Di–Fr 10–13 u. 14–17 Uhr, sonst kürzer | Smäswai 24 | www.farbrausch-amrum.de*

STRÄNDE

Zum feinen Sandstrand sind es vom Ortskern gut 1,5 km auf einem schönen Weg durch den Ortsteil Westerheide, Wald und Dünen. Für die gastronomische Versorgung sorgt am Strandübergang der *Strandpirat (Mo geschl. | Tel. 04682 96 81 20 | www.strandpirat-amrum.de | €–€€)* mit einem schönen Holzdeck.

AM ABEND

Die Jugend zieht es zu Disko- und Partyevents in die *Kniepsandhalle* am Strandübergang, Amrums einziger Disko *(Sa und zu Events | www.kniepe.com),* ältere Semester nehmen ihre Drinks in der *Bar Nautilus (Uasterstigh 17)* mit Raucherlaubnis oder beim *Weinfriesen (Strunwai 20 | www.weinfriese-amrum.de).*

ÜBERNACHTEN

HOTEL-RESTAURANT FRIEDRICHS

Mitten in Nebel. Aus den gemütlich eingerichteten Zimmern blickt man über Friesenhäuser bis ans Wattenmeer. Beliebtes gutbürgerliches Restaurant *(So geschl.)* mit Biergarten. *9 Zi., 3 Suiten | Uasterstigh 18 | Tel. 04682 9 49 70 | www.hotel-friedrichs.com | €–€€€*

NORDDORF

INSIDER TIPP KAPITÄN TADSEN
(121 D3) (*m D3*)
Dicht am Wattenmeer liegt dieses ruhige Haus. Vier seiner acht großzügigen, hellen Zimmer gewähren Meeresblick. Auch fünf Apartments, großzügige Gartenanlage, Wellnessbereich mit Schwimmbad, Sauna, Fitness etc. *Stianoodswai 17 | Steenodde | Tel. 04682 9 42 40 | www.inselhotel-tadsen.de | €€*

WAASHÜS
Sieben komfortable Ferienwohnungen für zwei bis sechs Personen in einem bildhübschen Reetdachhaus nicht weit vom Wattenmeer. *Waaswai 5 | Tel. 04682 26 45 | www.amrum-waashues.de | €€*

AUSKUNFT

AMRUM TOURISTIK NEBEL ●
Information, Zimmernachweis und W.D.R.-Fahrkarten. *Hööwjaat 1a (im Haus des Gastes) | 25946 Nebel | Tel. 04682 9 43 00*

NORDDORF

(116 A–B 5–6) (*m A4*) **Das anerkannte Heilbad, vermutlich im 13. Jh. entstanden, vermittelt unterschiedliche Eindrücke, die die Ortsgeschichte spiegeln.**

Bis 1890 der Fremdenverkehr durch die Bodelschwingh'schen Hospize und das ein Jahr später eröffnete Seepensionat Hüttmann Einzug hielt, war Norddorf eine ärmliche Gemeinde mit etwa 40 Häusern. Einige alte Friesenhäuser im östlichen Teil des Dorfs erinnern an diese Zeit. Weil Norddorf mehrmals durch Brände zerstört wurde (zuletzt 1925), versah man die neu gebauten Häuser mit Hartdächern. In der Ortsmitte hat das schöne Hotel Hüttmann den Charme des klassischen Seebads bewahrt, und die Architektur des 2014 an alter Stelle neu errichteten Seeheimgebäudes knüpft auf schönste Weise an diesen Bäderstil an. Gegenüber führt die von Häusern aus dem späteren 20. Jh. gesäumte Fußgängerzone *Strunwai* in Richtung Strand: Alles zusammen ergibt ein ganz eigenes, aber durchaus harmonisches Ortsbild.

SEHENSWERTES

NATURZENTRUM ● ☺
Anhand von Aquarien und Dioramen informiert eine kleine, gut gemachte Ausstellung über das Leben im Wattenmeer. Im ersten Stock gibt es ganzjährig zwei Ausstellungen zur Amrumer Kulturgeschichte. *April–Okt. Fr–Mi 10–17, Nov.–März Mi, Fr–So 12–16 Uhr | Eintritt frei (Spende) | Strunwai 31 | www.naturzentrum-amrum.de*

VOGELSCHUTZGEBIET AMRUM ODDE
(116 B–C4) (*m A–B4*)
Die Landzunge im Inselnorden ist ein unter Naturschutz stehendes Vogelparadies, das Sie bei einer Führung des Vogelwarts *(März–Okt. Di–So 10 Uhr | Spende erbeten | Treffpunkt Vogelwarthaus auf der Wattseite)* kennenlernen können. Hier starten auch die 8 km langen Wattwanderungen nach Dunsum auf Föhr.
Auf dem *Jungnamensand* vor der Odde hat eine Kolonie der gefährdeten Kegelrobben ein Refugium gefunden und zieht hier ihre Jungen groß.

ESSEN & TRINKEN

CAFÉ SCHULT
Drinnen ist es schön plüschig, im Sommer wird auch draußen serviert. Anständiges Frühstück, tolle Torten. Probieren Sie den unvergleichlichen INSIDER TIPP Schokokuchen! *Mo geschl. | Ual Saarepswai 9 | www.cafe-schult.de*

AMRUM

Norddorfer Institution seit den Anfängen des Badebetriebs: Hotel Hüttmann

SEEBLICK
Das Restaurant ist Mitglied im Verein „Feinheimisch" *(www.feinheimisch.de)*, der regionale Produkte fördert, und serviert u. a. Amrumer Wildaustern oder Susländer Schweinerücken. Auch Hotel mit Schwimmbad und Spa *(42 Zi., 6 Suiten | €€€). Strunwai 13 | Tel. 04682 92 10 | www.seeblicker.de | €€–€€€*

STRAND 33 (116 A5) (A4)
Essen (u. a. Salate, gute Burger, Flammkuchen) und Trinken (Open-Air-Weinlounge!) mit Brandungsblick. Außerdem Chill-out-Partys, Barbecue und andere Events. *April–Okt. Do–Di | Strunwai 33, direkt am Strand | Tel. 04682 961555 | www.strand33.de | €€*

UAL ÖÖMRANG WIARTSHÜS
Eine Gaststube wie aus einem altfriesischen Bilderbuch! Gekocht wird fast ausschließlich mit Produkten von der Insel und aus der Region, unbedingt probierenswert: Lammlabskaus. Hotel mit zwölf gemütlichen Zimmern unter Reet *(€€)* und sieben hochwertigen Suiten im neuen Landhaus *(€€€)* gegenüber. *Mi–Mo ab 17 Uhr | Bräätlun 4 | Tel. 04682 9614500 | www.uöw.de | €€*

EINKAUFEN

INSELGOLDSCHMIEDE C. RICKMERS
Geschmackvolle, unverwechselbare Schmuckstücke, großenteils aus eigener Werkstatt. *Lunstruat 1 | www.rickmers-schmuck.de | Filialen in Wittdün, Inselstr. 17 u. Wyk a. Föhr, Große Str. 15*

SPORT & STRÄNDE

Auch in Norddorf ist der Sandstrand fein und breit.

INSIDERTIPP MINIGOLF
Hier werden sogar Minigolf-Profis zur Verzweiflung getrieben: Auf dem Platz,

NORDDORF

der am südlichen Ortseingang am Rand der Dünen liegt, gilt es, den Ball auf 18 teilweise anspruchsvollen und witzigen Bahnen einzulochen. *Tgl., je nach Witterung*

AM ABEND

LICHTBLICK ●
Traditionsreiches Kino im nun neuen Seeheimgebäude, mit zwei Sälen und modernster Technik. Nachmittags Kinderfilme! *März–Okt., Weihnachten–Mitte Jan. | Triihuk 1 | Tel. 04682 9 62 00 | www.kino-amrum.de*

ÜBERNACHTEN

LANDHAUSHOTEL PENSION FLOR
Versteckt mitten im Ortskern wohnen Sie ruhig in neuen, reetgedeckten Friesenhäusern auf einem eingewachsenen Gartengrundstück. *13 Zi., 10 Fwg. | Ual Saarepswai 11 | Tel. 04682 9 43 10 | www.pension-flor.de | €€*

HOTEL HÜTTMANN
Renommiertestes Hotel Amrums mit über 100-jähriger Tradition. Feines Restaurant, nettes Bistro, Kaffeegarten, Bar, Wellness- und Beautybereiche mit allem Drum und Dran. Abendlicher Treffpunkt ist die *Entenschnack-Bar* mit umfangreicher Cocktailkarte. *50 Zi. | Ual Saarepswai 2–6 | Tel. 04682 92 20 | www.hotel-huettmann.de | €€€*

MEIN INSELHOTEL
Von außen eher unscheinbar, aber drinnen umso einladender: Liebevoll, hell, und modern-maritim hat Kerstin Jöns ihr Haus eingerichtet. Chef(koch) Gunnar Jöns bewirtet Hausgäste abends mit einem Menü. Sauna und Dampfsauna. *15 Zi. | Madelwai 4 | Tel. 04682 9 45 00 | www.mein-inselhotel.de | €€–€€€*

PIDDER LYNG ✿
Die vielen Stammgäste schätzen die herzliche Gastfreundschaft von Renate Peters und ihr feines Hotel, in dem man aus vielen Zimmern den Blick auf die Odde genießt. Gutes Frühstücksbuffet, Liegewiese, Sauna, Dampfbad. *13 Zi. u. Apt. | Bideelen 5 | Tel. 04682 9 44 40 | www.pidderlyng.de | €€€*

DORFHOTEL ÜTJKIEK
Gemütliches kleines Hotel nahe der Ortsmitte. Besitzer Gerd Schult sorgt mit viel Liebe für eine Fühl-dich-wie-zu-Hause-Atmosphäre und kocht exklusiv für seine Gäste jeden Dienstag ab 18 Uhr ein kleines Menü. *10 Zi. | Ostern–Mitte Okt. | Ual Jaat 4 | Tel. 04682 20 42 | www.uetjkiek.de | €€*

AUSKUNFT

AMRUM TOURISTIK NORDDORF
Informationen, Zimmernachweis, Fundbüro und W.D.R.-Fahrkarten. *Ual Saarepswai 7 | 25952 Norddorf | Tel. 04682 9 47 00*

AMRUM

ZIEL IN DER UMGEBUNG

VOGELKOJE MEERAM (120 B2) *(ΩΩ A4)*
Zwischen Norddorf und Nebel sind zwei Pfeifen der Entenkoje von 1866 so wiederhergestellt worden, dass man gut erkennt, wie hier bis 1937 Wildenten gefangen wurden. Drum herum krähen Hähne, gackern Hühner, und es führt ein Bohlenweg in weitem Bogen um die Koje – durch Dünen, vorbei an Teichen, Bruchwald und Heide – mit Beobachtungspunkten und Infotafeln zu Flora und Fauna (z. B. der seltenen Kreuzkröte). Im nahen Dünental wurden ein Steinzeitgrab und INSIDER TIPP Reste eines eisenzeitlichen Dorfs aus dem 1. Jh. gefunden. Auf diesem Areal ist seit 2014 der Nachbau eines Hauses aus derselben Epoche zu besichtigen.

WITTDÜN

(121 E5) *(ΩΩ B5)* **Wittdün ist der jüngste Ort Amrums. 1889 wurde er als Seebad gegründet. Der einst feine Badeort** bildete den Gegenpol zu Norddorf mit seinen christlichen Hospizen.

Finanzielle Schwierigkeiten und der Erste Weltkrieg stürzten den Ort in eine Krise. Erst als man einige Hotels zu Kinderheimen umbaute, ging es wieder aufwärts. Aber richtig gut geht es dem anerkannten Heilbad erst seit den 1970er-Jahren, als viele Neubauten entstanden und der Run auf Eigentumswohnungen einsetzte. Seit 1914 gibt es die *Strandpromenade*, auf der man den gesamten Ort umwandern kann und bei klarer Sicht wunderbare Ausblicke auf die Halligen und Föhr hat. Auch die *Obere Wandelbahn*, ein Fußweg oberhalb der Promenade, eignet sich gut für einen Spaziergang. Sonst wirkt Wittdün eher gesichtslos, im Herbst und Winter gar trist. Die Hauptstraße ist im Hochsommer gelegentlich restlos überfüllt.

SEHENSWERTES

LEUCHTTURM ★ (120 C4–5) *(ΩΩ B5)*
Wer den grandiosen Blick über Inseln und Halligen vom höchsten Leuchtturm

Vogelkoje Meeram: Grauganküken-Fütterung unter den wachsamen Augen der Eltern

WITTDÜN

der deutschen Nordseeküste (66 m inkl. Düne) genießen will, kommt zuvor auf den 295 Treppenstufen – davon 123 bis zum Fuß des Turms – ganz schön außer Atem. *Mai–Okt. Mo–Fr 8.30–12.30, sonst Mi 8.30–14 Uhr, Feiertage und bei widriger Witterung geschl. | Eintritt 3 Euro | an der Hauptstraße Richtung Nebel*

SEEZEICHEN- UND YACHTHAFEN

Sie erreichen den Hafen nach einem etwa halbstündigen Spaziergang an der Wattseite. Hier liegt der Seenotrettungskreuzer Amrums, und im Sommer kommen viele Segelschiffe dazu. Auch für etwa 50 Gastboote ist Platz. Nebenan können Sie sehen (Betreten verboten), wie groß die im Meer liegenden Tonnen und Bojen aus der Nähe betrachtet sind, die hier gewartet werden.

ESSEN & TRINKEN

KAFFEEFLUT
Frische Brise in Wittdün: erfrischender Service, hausgemachte Kuchen und Torten. Selbst gemacht sind Eis, Suppen und Snacks aller Art. Tolles Frühstück. Terrasse auch abseits der Hauptstraße. *Tgl. | Inselstr. 24 | Tel. 04682 96 88 65 | www.kaffeeflut.de | €*

SEEFOHRERHUS
Außen bunte Fischerhütte, innen puristisch-modern: Mit Blick auf den Yachthafen genießt man Regionales mit mediterranem Touch – von „Friesenpaella" über Saltimbocca von der Seezunge bis „Seefohrer-Burger". Überdachte Terrasse; günstiges Mittagsmenü. *Do geschl. | am Seezeichenhafen | Tel. 04682 14 51 | www.seefohrerhus.com | €€*

WATT'N BLICK
Feine, leichte Küche im modernen Restaurant des Hotels Weiße Düne; ob Majestatar, Lammhaxe oder Fischplatte für zwei. Von der Terrasse herrlicher Blick nach Föhr. *Tgl. | Inselstr. 59 | Tel. 04682 94 00 00 | €€–€€€*

EINKAUFEN

BIO DÜNE
Gut sortierter Naturwarenladen, der Einheimische und Urlauber mit Lebensmitteln, frischem Gemüse und Obst aus kontrolliert ökologischem Anbau, Kosmetik, Papier, Kleidung, Holzspielzeug und Geschenkartikeln versorgt. *Inselstr. 41 | www.bio-duene.de*

INSEL GALERIE
Werke, die auf Amrum entstanden sind oder hier hätten entstehen können. Bilder, Bronzen und Keramiken, Gläser und Schmuck: zum Teil wirklich schöne Stücke. *Inselstr. 23 | www.amrum-galerie.de*

QUEDENS
In dieser Buchhandlung finden Sie **INSIDERTIPP** alles über Amrum und fast alles über Nordfriesland – ein Fest für Fans gut gemachter Bücher und toller Fotobände. *Inselstr. 35–37 | www.quedens.de / Filiale in Norddorf, Strunwai 22*

SPORT & STRÄNDE

Am Ortsende beginnt der *Kniepsand*. Wittdün selbst hat einen schönen, aber nicht allzu breiten Sandstrand. Bei Ebbe kann man hier im Watt laufen; bei Flut ist es nicht weit bis zum Wasser. In Höhe des Schwimmbads liegt in den Dünen der kleine Süßwassersee *Wriakhörn*.

AMRUM-BADELAND ● (121 D5) (*B5*)
Meerwasserwellenbad (30 Grad) mit Fitnessstudio *Amrumspa*, Solarien, Saunen, und Rasul, einem orientalischen Dampf- und Heilschlammbad. Specials wie

AMRUM

Strandleben auf dem Kniepsand, der genau genommen eine Sandbank ist

INSIDER TIPP „Mitternachtsbaden" bei Kerzenschein oder „Orientalische Nacht" mit Aufgüssen bis 24 Uhr. *Badeland tgl. 10–18, Saunen bis 20 Uhr, in der Nebensaison Mo geschl. | Eintritt Badeland ab 6 Euro/Std. | Tel. 04682 94 34 31 (Badeland) u. 9 61 58 88 (Amrumspa) | www.wittduen.net | www.amrumspa.de*

AM ABEND

BLAUE MAUS

Weniger Kneipe als vielmehr Institution. Etwa 300 Whisk(e)y- und viele Rumsorten werden ergänzt durch kultige Mixturen wie den „Strandhafer". Was zu essen gibt's aber auch, z. B. frische Muscheln. Ab und an Livemusik. *Do (im Winter Di–Do) geschl. | Inselstr. 107 | www.blauemaus-amrum.de*

ÜBERNACHTEN

AMRUMER WELLE

Wohnen in der ersten Reihe: fünf Ferienwohnungen vom Feinsten – mit Loggia oder Dachterrasse und Traumblick übers Wattenmeer – in einem Apartmenthaus aus dem Jahr 2008. Unter denselben Kontaktdaten können Sie auch weitere Apartments *(€–€€€)* an Amrums Südspitze buchen. *Obere Wandelbahn 16 a/b | Tel. 04682 44 44 u. 04681 6 05 | www.amrum-foehr.de | €€€*

CAMPINGPLATZ AMRUM

(120 C5) (*M A5*)
Die 2,5 ha große Anlage mit 200 Plätzen liegt sehr schön mitten in den Dünen (Sandheringe nicht vergessen!). Es gibt auch Mietwohnwagen. *Nov.–März geschl. | Inselstr. 125 | Tel. 04682 22 54 | www.amrum-camping.de*

WEISSE DÜNE

Behagliches und gepflegtes kleines Haus mit modernen, hellen Zimmern, die teilweise über Balkon oder Terrasse verfügen. Schwimmbad, Sauna, Solarium und Restaurant. *12 Zi., 1 Suite | Achtern Strand 6 | Tel. 04682 94 00 00 | www.weisse-duene.de | €€€*

Bild: Deich mit Schafen bei Strucklahnungshörn

NORDSTRAND

Die Insel (123 D–F 5–6) *(ɱ E–G 6–7)* **ist seit 1907 durch einen 4 km langen Damm mit dem Festland nördlich von Husum verbunden. Mitte der 1930er-Jahre wurde dieser flutsicher erhöht und zur Straße verbreitert.**

Nordstrand ist mit dem Auto also bequem zu erreichen. Und das ist auch während des Urlaubs dort gut zu gebrauchen, denn Orte im eigentlichen Sinn gibt es auf Nordstrand nicht, und die Wege zwischen Unterkunft, Badestellen, Einkaufsmöglichkeiten und Sehenswürdigkeiten liegen meist so weit auseinander, dass man schon über eine gute Kondition verfügen muss, um ausschließlich mit dem Fahrrad zurechtzukommen. Der Linienbus der Insel verkehrt nur einige Male an Wochentagen und abends gar nicht.

Ein Zentrum fehlt der 49 km^2 großen Insel aus historischen Gründen. Nachdem die Insel Strand, zu der auch Pellworm, Nordstrandischmoor und große untergegangene Flächen gehörten, bei der Sturmflut im Oktober 1634 auseinandergerissen und zu zwei Dritteln untergegangen war, hatten die wenigen Überlebenden weder Kraft noch Mittel, Nordstrand wieder einzudeichen. So wurde die Insel zwischenzeitlich zur Hallig.

1652 schloss der schleswigsche Herzog Friedrich III. mit vier Holländern einen Vertrag, der ihnen Nordstrand zu großen Teilen als Eigentum übertrug und sie im Gegenzug verpflichtete, die Insel mit neuen Deichen zu sichern. Für die Nordstrander, die die Flut überlebt hatten, war das eine bittere Entscheidung,

Bauerninsel ohne Zentrum, aber mit Festlandanschluss: Wo weitläufige Köge, fruchtbares Land, Vieh und Vögel den Ton angeben

bedeutete sie doch ihre Enteignung. Viele Einheimische haben die Insel in dieser Zeit verlassen, und mit ihnen verschwand auch die friesische Sprache von Nordstrand. Alltagssprache ist deshalb schon lange Plattdeutsch.

Nach und nach wurden einzelne *Köge*, d. h. tief liegendes, landwirtschaftlich nutzbares Marschland, eingedeicht. Diese Binnendeiche, auf denen viele der Häuser stehen, bestimmen das Bild der Insel. Etliche Straßen verlaufen auf den Deichen und bieten Ausblicke auf die Felder und Wiesen ringsum. Heute schützt der 28 km lange und 8 m hohe Seedeich die unter dem Meeresspiegel liegenden Köge auch vor starken Sturmfluten. Bis in die Gegenwart hat sich die Insel durch Neueindeichungen immer wieder verändert. Nordstrand wird seinen Inselcharakter mehr und mehr verlieren, denn in den 1980er-Jahren wurde die Nordstrander Bucht aus Küstenschutzgründen eingedeicht. Der neue, der Beltringharder Koog, Schleswig-Holsteins größtes Naturschutzgebiet (33,5 km²), verbindet

Nordstrand in einer Breite von fast 9 km mit dem Festland. Die „Insel" hat ihre jetzige Form also erst in allerjüngster Zeit erhalten. Daran, dass sie eigentlich aus sieben Kögen besteht, erinnert die Skulpturengruppe „7 Flaggen" von Tom Müllers, deren Granitfahnen die Ankommenden schon von Weitem begrüßen. lichkeiten für Kinder und weiteren Angeboten. Im tideunabhängigen Hafen Strucklahnungshörn legen die Pellworm-Fähren an und ab, außerdem Ausflugsschiffe. Ferienwohnungen und Hotels sind auf Nordstrand vergleichsweise preisgünstig, denn für das ganz große Tourismusgeschäft fehlt der Sandstrand.

Das altkatholische Gotteshaus St. Theresia wird auch als „Inseldom" bezeichnet

Nordstrand ist Bauernland: Die Landwirtschaft ist nach wie vor die wichtigste Erwerbsquelle. Das Land ist so fruchtbar, dass seine Bewohner selbst in der Hochzeit der nordfriesischen Seefahrer Bauern blieben. Großzügig angelegte Höfe mit imposanten Stallungen inmitten endlos scheinender Getreide- und Gemüsefelder und weitläufiger Viehweiden prägen das Landschaftsbild. Nordstrand hat rund 2260 Ew. und ein paar mehr Gästebetten (ca. 2400).

Die „Insel" ist seit 1991 anerkanntes Seeheilbad und verfügt über ein modernes Kurmittelhaus und ein Schwimmbad. 2016 wird zudem eine breite Deichpromenade zwischen Fähr- und Norderhafen fertig sein – mit Ruhezonen, Spielmöglichkeiten für Kinder und weiteren Angeboten.

Das Angebot an Restaurants ist recht gut, auch zwei Supermärkte gibt es.

SEHENSWERTES

DAS INSELMUSEUM

Keramikfunde (ca. 1634) und mehr zur Geschichte der Insel und dem Leben auf ihr im ersten Stock der Kurverwaltung. *Mo–Do 8–12 u. 14–16, Fr 8–12 Uhr, Sa/So s. Aushang | Spende erbeten | Schulweg 4*

ST. THERESIA

Die altkatholische Kirche, 1662 von den Niederländern erbaut und 1887 weitgehend umgebaut, wirkt durch ihre warmen Farben und die reiche Ausstattung völlig anders als alle anderen Got-

NORDSTRAND

teshäuser der Region. Sehenswert sind Altar, Christusgemälde, Taufstein und Tabernakel aus dem 17. Jh. *Im Sommer tgl. 10–18 Uhr, Führungen s. Veranstaltungskalender (meist Mi), Tel. 04842 4 09 | Süden-Osterdeich*

ST. VINZENZ

Der großen Flut von 1634 fielen 18 Kirchen zum Opfer. Nur die beiden Pellwormer Kirchen und die St.-Vinzenz-Kirche aus dem 13. Jh. blieben erhalten. Durch mehrfache Renovierungen ist von deren ursprünglichen Gestalt leider nichts mehr zu erkennen. Sehenswert sind aber der spätgotische geschnitzte Altar (um 1480), das Kruzifix an der Südwand (um 1400), die reich verzierte Kanzel, der achteckige, marmorne Taufstein, im 15. Jh. aus Belgien importiert, und Grabsteine aus dem 17. Jh. im Altarraum und an der südlichen Außenwand. *Im Sommer tgl. 8.30–18 Uhr | Führungen nach Absprache: Tel. 04842 3 09 | Odenbüll 15*

VOGELKOJE

In der ehemaligen Entenfanganlage im Alten Koog können Sie heutzutage gut versteckt viele Vogelarten beobachten. In einer kleinen Infohütte erfahren Sie, welche. *Mai–Okt. | Termine für Führungen (meist Mi u. So 11 Uhr) s. Veranstaltungskalender*

ESSEN & TRINKEN

AM HEVERSTROM

In dem Hotelrestaurant am Süderhafen stimmen Atmosphäre, regionale Küche und Service. Im Restaurant steht der schönste Tresen Nordstrands. Die elf Zimmer *(€–€€)* sind modern, aber mit viel Holz gemütlich eingerichtet. *Di, Herbst/Winter auch Mo geschl. | Heverweg 14 | Tel. 04842 80 00 | www.am-heverstrom.de |* €€

MÜHLENCAFÉ GLÜCK ZU (ENGEL-MÜHLE)

Theoretisch könnte Konditor Kreutzfeld sein Mehl selbst mahlen, denn die Engel-Mühle von 1888 ist voll funktionsfähig. Sie kann nach Voranmeldung besichtigt werden. Mittags gibt's herzhafte Kleinigkeiten. *Mo u. Jan., Feb. geschl., Juli–Mitte Sept. tgl. | Süderhafen 15 | Tel. 04842 2 14 | www.engel-muehle.de |* €€

ZUR NORDSEE ☘

Hier schmecken – bei tollem Blick über die Deichkrone – vor allem Fisch- und Lammgerichte. Im zugehörigen *Strandcafé Halligblick* nebenan ist der Blick aufs Wattenmeer – bei Kuchen oder kleinen Gerichten – genauso schön. *Mi geschl. (Dez.–Feb. auch Do) | Norderhafen 22 | Tel. 04842 86 07 | www.zur-nordsee.de |* €€

NORDSTRANDER TEESTUV

Teestube, Restaurant sowie Treffpunkt von Einheimischen und Touristen. Die Stühle sind zwar etwas unbequem, aber das tut der Gemütlichkeit keinen Abbruch. Probieren Sie das Friesenschnitzel! *Do geschl., im Winter nur nachmittags geöffnet | Süden 42 | Tel. 04842 82 18 | www.teestube-nordstrand.de |* €–€€

PHARISÄERHOF ⭐ ●

Schönstes Café der Insel mit Terrasse und Garten. In diesem Haus soll der Pharisä-

---

MARCO POLO HIGHLIGHTS

⭐ **Pharisäerhof**
Traditionsreiches Café mit Restaurant, Kaminlounge und Hofladen → S. 71

⭐ **Galerie „Lat di Tied"**
Schöne Bilder, Schmuck und mehr zu erschwinglichen Preisen → S. 72

er aus der Taufe gehoben worden sein. Heute steht es für eine gastronomische Rundumversorgung: Das ursprüngliche Café blieb erhalten, zudem entstanden ein helles Bistro-Restaurant und eine gemütliche Kaminlounge mit Bar. Im *Hofladen (tgl. 11–18 Uhr)* gibt's Souvenirs, auch kulinarische. *Tgl. | Elisabeth-Sophien-Koog 3 | Tel. 04842 353 | www.pharisaeerhof.de | €€*

EINKAUFEN

GALERIE „LAT DI TIED" ★ ●

Die Galerie bildet ein schnuckeliges Ensemble mit Töpferei und Teestuv. Es ist wirklich lohnenswert, sich hier Zeit zu lassen, um den Kauf von Bildern, Büchern, Wohnaccessoires, Schmuck und Ledertaschen in Erwägung zu ziehen. *Süden 46*

NORDSTRANDER TÖPFEREI

Schöne Gebrauchskeramik, meist im typisch friesischen Grau-Blau und mit tradtionellen Formen und Motiven. *Süden 44 | www.nordstrander-toepferei.de*

LOW BUDGET

▶ Im *Hotel-Restaurant England* gibt es das Doppelzimmer schon ab 57 Euro – inkl. Frühstück, Liegewiese, WLAN und Leihfahrrad! Auch die Küche *(Mi. geschl.)* liefert große Portionen für kleine Preise; Spezialität: knusprige Sandschollen. *10 Zi. | Tel. 04842 1075 | www.hotel-england.de*

▶ Die 120 Plätze des *Campingplatzes Elisabeth-Sophien-Koog (Elisabeth-Sophien-Koog 17 | Tel. 04842 8534 | www.nordstrandcamping.de)* liegen direkt am Deich.

INSIDER TIPP SCHÄFEREI BAUMBACH

Salzwiesenlamm und im Herbst auch Galloway aus eigener Schlachtung, Lammwurst und -schinken, Schafskäse und -felle, auch Ziegenkäse. Alles so verpackt, dass Sie es mit nach Hause nehmen können. *Pohnshalligkoogstr. 1 | Tel. 04842 495 | www.lammfleisch.de*

STRANDGUT & EDEL

Der richtige Laden für Menschen, die ihr Heim und ihren Garten gern mit allerlei Schnickschnack schmücken. Dazu Blusen, Bonbons, Bildbände. *Di–Sa 11–18 Uhr | Süden 58 | www.strandgutundedel.eu*

FREIZEIT & STRÄNDE

Rund um die Insel gibt es Badestellen am Grasdeich. Am Holmer Siel und bei Fuhlehörn kann man Strandkörbe mieten. Die Versorgung mit Speis und Trank übernimmt am Norderhafen z. B. *Kolle's Imbiss*. Am Holmer Siel ist für die Korbvermietung und das leibliche Wohl der Badegäste das *Bistro zum Strandkorb* zuständig, (tolle Torten, knusprige Bratkartoffeln), bei Fuhlehörn übernimmt beide Jobs der *Matjesmichel*, der sich auch das Prädikat „Fischveredlungstechniker" an die Wand seiner Bude geschrieben hat. Ein kleiner, bescheidener Sandstrand hat sich am Beltringharder Deich in Richtung Lütmoorsiel (123 D5) (*Ø F6*) gebildet, der vom Elisabeth-Sophien-Koog aus erreichbar ist. Vorsicht: Der Ebbstrom kann hier so stark sein, dass er Sie in die offene See hinauszieht!

SCHWIMMBAD

Hallen-, Kalt-, Warmwassersprudelbad (34 Grad) und Sauna. Die wechselnden Öffnungszeiten erfahren Sie im Bad *(im Kurzentrum | Tel. 04842 466)* oder bei der Kurverwaltung. *Eintritt ab 3,50 Euro*

NORDSTRAND

WATTWANDERUNGEN
Naturkundliche Wattführungen *(2–2,5 Std., Termine s. Aushang und Veranstaltungskalender | 4–5 Euro)* starten z. B. am Holmer Siel. Wanderungen zur Hallig Nordstrandischmoor *(2–2,5 Std. und 2 Std. Halligaufenthalt | 22 Euro | Voranmeldung unter Tel. (*) 01805 12 33 44 | www.adler-schiffe.de)* beginnen in Lüttmoorsiel (Bustransfer ab Strucklahnungshörn), die Rückreise erfolgt mit der „Adler V".

ÜBERNACHTEN

GÄSTEHAUS HALLIGBLICK
Reetgedecktes Haus gleich hinterm Deich mit modern eingerichteten Zimmern. *2 Zi., 4 Apt. | Norderhafen 22 | Tel. 04842 86 07 | www.zur-nordsee.de | €–€€*

HOTEL GARNI NORDSTRAND
Großzügige, sehr freundlich eingerichtete Zimmer und Apartments mit Pantryküche. Reichhaltiges Frühstücksbuffet. *11 Zi. u. Apt. | Am Ehrenmal 10 | Tel. 04842 82 12 | www.hotelnordstrand.de | €–€€*

PHARISÄERHOF
Gleich neben dem berühmten Café können seit 2013 vor allem Hunde mit ihren Menschen „Urlaub frei Schnauze" machen: 28 helle, freundliche Zimmer, die Hälfte mit Terrasse; Wellnessoase mit zwei Saunen und Fahrrad inklusive. *Elisabeth-Sophien-Koog 3 | Tel. 04842 3 53 | www.pharisaeerhof.de | €€*

INSIDER TIPP LANDHAUS TRENDERMARSCH
Für Nordstrand ungewöhnlichen Luxus bietet dieses abseits liegende, reetgedeckte Anwesen. Indoorpool, Spabereich, diverse Angebote für einen „Gesundheitsurlaub". *2 Zi., 3 Suiten, 3 Apt. | Trendermarschweg 10 | Tel. 04842 90 03 80 | www.landhaus-trendermarsch.de | €€€*

AUSKUNFT

KURVERWALTUNG
Allgemeine Informationen, Veranstaltungskalender, Zimmernachweis. *Schulweg 4 | 25845 Nordstrand | Tel. 04842 454 | www.nordstrand.de*

ZIEL IN DER UMGEBUNG

HALLIG SÜDFALL (122 C6) (*E7*)
Die Wattwanderung zur 7 km entfernten Hallig Südfall (56 ha) dauert inklusive einer Stunde Aufenthalt ca. 5,5 Stunden. Da hier viele bedrohte Vogelarten brüten, darf die Hallig nur im Rahmen der vom Nationalpark Wattenmeer genehmigten Führungen betreten werden. Wer den Fußmarsch scheut, kann sich ganz bequem ● INSIDER TIPP mit Pferd und Wagen nach Südfall kutschieren lassen. Termine (Mai–Sept.) im Veranstaltungskalender, Start ist in Fuhlehörn. *Wanderungen: Anmeldung Tel. 04671 66 14 (Fam. Dethleffsen) | 6 Euro; Kutschfahrten: Anmeldung Tel. 04842 3 00 (tgl. 8–12 Uhr, Werner Andresen) | 15 Euro*

Auf die Hallig Südfall geht's nur zu Fuß oder per Kutsche

Bild: Alter Hafen

PELLWORM

Wie ein tiefer Teller liegt Pellworm (122 A–C 4–6) *(D–E 6–7)* **im Wattenmeer. Der lebenswichtige, 25 km lange und 8 m hohe Deich bildet den Tellerrand, über den man nur von wenigen erhöhten Punkten der Insel aus hinweggucken kann.**

Manchen Besuchern kommt der mit Gras bewachsene Deich wie eine grüne Mauer vor, an die man immer wieder gerät und die den Blick ins Weite verstellt. Man erkennt, dass auch Pellworm ohne den schützenden Deich eine Hallig wäre. Die meisten Häuser sind auf Warften erbaut oder stehen auf Sommerdeichen. Deshalb hat Pellworm auch keine Dörfer. Allerdings stehen an einigen Stellen, wie beispielsweise am Hafen, so viele Häuser zusammen, dass sie wie ein kleines Straßendorf wirken. Durch die Köge – zum Teil unter dem Meeresspiegel liegende Marschen – fließen Entwässerungsgräben, da das Regenwasser aufgrund der kompletten Eindeichung nicht von selbst abfließen kann.

Der Deich sichert das Leben auf der Insel, und die allgegenwärtigen Schafe, die das Bild Pellworms bestimmen, sind wiederum ein wichtiger, dekorativer und nahrhafter Bestandteil der Deichsicherung. Sie trampeln mit ihren Hufen die Deichkrone fest und verschließen so auch die von Wühlmäusen verursachten Löcher.

Eine Besonderheit Pellworms ist die Püttenlandschaft im Süden und Südwesten der Insel. *Pütten* sind kleine Seen, die entstanden, als man an diesen Stellen

Schafe, Deiche und Köge: Auf Pellworm können Sie noch die Ursprünglichkeit des nordfriesischen Inselalltags erleben

Erde für den Deichbau entnahm. Das Terrain wurde dadurch unbrauchbar für die Landwirtschaft, und man überließ es sich selbst. Heute stehen die schilf- und riedumgürteten Pütten als Brut- und Rastgebiet vieler Vögel unter Naturschutz und haben neben den weiten Wattflächen jenseits der Deiche ihren Anteil daran, dass die Insel ein Vogelparadies ist. Ansonsten ist Pellworm eher ein Paradies für Bauern: Auf den fruchtbaren Böden werden vor allem Getreide, Raps, Rüben und Mais angebaut.

Immer noch ist es herrlich, an den im Mai blühenden Raps- und den im Sommer wogenden Kornfeldern vorbeizuradeln, auch wenn die traditionell angebauten Sorten an vielen Stellen durch Maisfelder ersetzt wurden, deren Ertrag die inseleigene Biogasanlage am Laufen hält. Diese garantiert neben dem einstmals größten Hybridkraftwerk Europas (Solar- und Windpark) die Versorgung Pellworms mit Energie, und zwar pro Jahr mit dreimal mehr Strom als auf der Insel verbraucht wird. Das hat Pellworm zur „Modellregion für die Energiewende" gemacht: Der überschüssige Strom wird in Batterien gespeichert, bei Bedarf abgerufen und soll auch aufs Festland exportiert werden. So thronen sie also nach wie vor auf ihren Warften, die großen alten Bauernhöfe, denn hier hat der Fremdenverkehr bisher weniger Anreize geboten umzusatteln als auf anderen Inseln. Allerdings bieten etliche Landwirte Ferien auf ihrem Bauernhof an.

Heute hat das 37 km^2 kleine Pellworm 1180 Ew. und ist seit 1997 anerkanntes Nordseeheilbad mit derzeit 2000 Gästebetten. Durch einen tideunabhängigen Fähranleger kann bis zu achtmal täglich ein Fährschiff von Strucklahnungshörn auf Nordstrand nach Pellworm starten. Die Überfahrt dauert eine gute halbe Stunde. Vom Anleger gibt es einen kostenlosen Bustransfer zum alten Hafen und zur Kurverwaltung. Dort startet der

Werden die Felder bestellt, folgen Futter suchende Möwen dem Trecker

Weil es auf Pellworm keinen Sandstrand gibt, hat der Tourismus erst spät (die ersten Feriengäste kamen um 1900) und in bescheidenem Umfang Einzug gehalten – mit spürbaren Vorteilen: Selbst in der Hochsaison findet man auf der Insel vor allem Ruhe. Und die Preise für Unterkunft und Restaurantbesuch sind meist niedriger als auf Amrum und Föhr, der Standard allerdings oft auch.

Bus auch in umgekehrter Richtung eine halbe bis eine Viertelstunde vor Abfahrt der Fähre. Auf der Insel gibt es den „Rufbus" *(April–Okt. | Tel. 04844 2 22)*, der seine Fahrgäste nach Anruf (45 Min. vorher!) an der gewünschten Haltestelle abholt, den Kleinbus des Inselfahrdienstes *(6 Euro/Person u. Fahrt | Tel. 04844 15 15)* und zweisitzige 😊 Renault-Twizy-Elektromobile *(39 Euro/Tag | Tammen-*

PELLWORM

siel 10 | www.pell-e.de), außerdem natürlich etliche Fahrradverleiher.

SEHENSWERTES

HAFEN
Seit 1992 hat Pellworm einen tideunabhängigen Fähranleger. 1,5 km führt die Straße hinaus zur Anlegestelle im Tiefwasser. Der alte Hafen ist seither Fisch- und Krabbenkuttern, Lastschiffen und Ausflugsdampfern vorbehalten. Am Ende der Mole schließt sich eine kleine Marina an. Westlich des Hafens ist zu sehen, wohin die Entwässerungsgräben führen, die Pellworm durchziehen. Die Gräben werden leer gepumpt, und bei Ebbe kann die Schleuse geöffnet werden, sodass das Wasser ins Meer fließt.

INSELMUSEUM ★ ●
In dem kleinen, im Haus der Touristinformation vorbildlich eingerichteten Museum zeigen Fotos, Schautafeln und Modelle die geologische Entwicklung der Region. Exponate veranschaulichen, wie früher auf Pellworm gelebt und gearbeitet wurde. *Mo–Fr 9–16, Sa/So 10–17, im Winter Mo–Fr 9–15 Uhr | Eintritt frei, Spende erbeten | Uthlandestr. 2*

LEUCHTTURM ★
Der 1907 erbaute rote Turm mit weißem Streifen misst 37 m und kann in geführten Gruppen (Kinder erst ab 8 Jahren) besichtigt werden. Wer sich in luftiger Höhe das Jawort geben will, wendet sich an die Touristinformation oder an Kapitän Wilfried Eberhardt *(Tel. 04844 99 08 80 | www.leuchtturm-hochzeit.de)*. *Termine, Kartenverkauf u. Anmeldung bei der Touristinformation | Eintritt 4 Euro*

NEUE KIRCHE
Malerisch zwischen alten Bäumen und Häusern liegt die 1622 erbaute, 1867 umgestaltete und und 1998 nach einem Brand komplett renovierte Kirche fast in der Mitte der Insel. Einige Stücke der Ausstattung stammen aus Kirchen, die 1634 bei der Burchardiflut zerstört wurden, so der wertvolle Altaraufsatz von 1520. Sehenswert ist auch die Kanzel von 1638. *Erntedankfest bis Ostern tgl. 10–16, Ostern bis Erntedankfest tgl. 10–18 Uhr außer während der Gottesdienste*

RUNGHOLTMUSEUM BAHNSEN
Wattführer Hellmut Bahnsen sammelt im Watt Überreste versunkener Siedlungen wie Rungholt. Durch seine beträchtliche Sammlung führt er nach telefonischer Absprache selbst. Auch höchst unterhaltsame **INSIDER TIPP** Wattführungen *(Termine in „Pellworm heute" | Dauer 1,5–2 Std. | 5 Euro)* bieten er und seine Frau Rita an. *Eintritt 5 Euro | Westerschütting 2 | Tel. 04844 99 09 06*

ST. SALVATOR/ALTE KIRCHE ★
Die Geschichte der Alten Kirche begann im 11. Jh. Die romanischen Ursprünge

---

MARCO POLO HIGHLIGHTS

★ **Inselmuseum**
Beispielhafte Ausstellung mit Spannungsfaktor → S. 77

★ **St. Salvator/Alte Kirche**
Imposante Turmruine und eine Arp-Schnitger-Orgel → S. 77

★ **Leuchtturm**
Hoch oben heiraten und über den Deich in die gemeinsame Zukunft schauen → S. 77

★ **Pellwormer Buffet**
Saure Rolle, Husch Nusch, Fliederbeersuppe und Futjes sind typische Delikatessen → S. 79

76 | 77

des Baus sind noch in Chorraum und Apsis und am Portal zu erkennen. Der spätgotische Altar entstand um 1460. Der Altaraufsatz zeigt sieben aus Eichenholz geschnitzte Szenen der Leidensgeschichte Jesu. Die Bronzetaufe wurde 1475 von Hinrich Klinghe gegossen und stammt aus dem 1634 untergegangenen Buphever. Eine Attraktion ist die einzige in Schleswig-Holstein noch erhaltene Arp-Schnitger-Orgel. Bei einem der **INSIDER TIPP** Orgelkonzerte können Sie hören, wie hervorragend das Instrument von 1711 in den Jahren 1987–89 restauriert worden ist.

Die Turmruine aus dem 13./14. Jh. ist das Wahrzeichen Pellworms und bei guter Sicht von Föhr und Amrum aus zu erkennen. Als Seezeichen, Glockenturm und Zufluchtsort wurde der Turm berühmt, im 15. Jh. hauste der Seeräuber Cort Wiederich hier. 1611 stürzte der Turm ein. Der imposante Rest misst 26 m und bietet Tauben und Turmfalken ein Refugium. Unter der Westseite liegen 40 unbekannte, von der Flut an den Strand gespülte Tote begraben. Auf diesem *Friedhof für Heimatlose* erinnert eine Gedenktafel zudem an 15 Schweden, die 1950 mit einem nachgebauten Wikingerschiff vor Helgoland untergingen. *Erntedankfest bis Ostern tgl. 10–16, Ostern bis Erntedankfest tgl. 10–18 Uhr, außer während der Gottesdienste, Kirchenführungen im Sommer 14-tägig Mi 10 Uhr, s. „Pellworm heute" | Spende willkommen!*

SEEFAHRT TUT NOT
Sehenswerte Ausstellung im alten Dampferschuppen am Hafen zur Geschichte der Pellwormer Küstenschifffahrt und -fischerei, aber auch interessante Exponate zur Seefahrt allgemein und zum Schiffbau. *April–Okt. tgl. 10–17 Uhr | Eintritt frei | www.schiffahrtsmuseum-pellworm.de*

ESSEN & TRINKEN

ZUR ALTEN KIRCHE
Vorzügliche regionale Küche mit Fisch- und Lammspezialitäten, aber auch saisonale Schmankerln wie Graugansbraten. Dazu vegetarische Gerichte. *Di geschl. | Alte Kirche 1 | Tel. 04844 2 75 | www.zur-alten-kirche.de | €–€€*

DEICHBLICK
Nicht schlecht, was hier auf die Teller gezaubert wird: eine tolle Scholle, Matjesvariationen, Lammroulade. Gute Weinkarte mit erlesenen Tropfen. Grillabende, einmal monatlich Jazzbrunch. Frühstücksbuffet, Terrasse. Ab 14 Uhr ist die gemütliche Friesenstube für Drinks und Snacks geöffnet. *Restaurant Mo u. mittags geschl., im Winter auch Di | Kaydeich 17 | Tel. 04844 9 90 49 43 | www.restaurant-deichblick-pellworm.de | Restaurant €€, Friesenstube/Terrasse €–€€*

LOW BUDGET

▶ Der *Pellwormer Kinderpass*, der bei der Touristinformation erhältlich ist, gewährt Kindern bis 12 Jahre Ermäßigungen in vielen Einrichtungen.

▶ Mit der ● *Schutzstation Wattenmeer* geht's auf Exkursion ins Watt und zur Vogelbeobachtung. Im *Nationalpark-Haus (Tammensiel 6 | Tel. 04844 760)* informiert auch eine kleine Ausstellung. Spenden Sie!

▶ Im *Wattenmeer-Haus (Klostermitteldeich 14 | Tel. 04844 9 90 42 88 | www.wattenmeerhaus-pellworm.de)* können Sie für kleines Geld wohnen. Bistro mit Garten, Campingplatz.

PELLWORM

Klingendes Kleinod: die Arp-Schnitger-Orgel in der Alten Kirche

LEUCHTFEUER

Das friesisch-blaue Café neben dem Leuchtturm ist Anziehungspunkt für Insulaner und Touristen. Im Sommer lädt der INSIDER TIPP schöne Garten zu Kuchen und kleinen herzhaften Gerichten. Abends regionale Karte im Restaurant Funkenfeuer. *Im Sommer Café 12–18, Restaurant 18–21 Uhr, Di geschl. | Süderkoogweg 10 | Tel. 04844 71 14 35 | www.leuchtfeuer-pellworm.de | €–€€*

DE SPIESKOMMER

Einfach, aber korrekt und gut: umfangreiche Schnitzelkarte, aber auch ein paar regionale nordfriesische Gerichte wie Porrenpann, dazu Steaks und Fisch. *Di geschl. | Uthlandestr. 6 (im 2. Stock von Pelle Welle) | Tel. 04844 12 11 | €–€€*

UNTER DEN LINDEN

Spezialität des alten Gasthofs ist das ★ *Pellwormer Buffet* (in der Hochsaison donnerstags, sonst unregelmäßig, meist samstags) mit Hausmannskost – darunter Raritäten wie Krabbenfrikadellen, Lammeintopf, Futjes (Fettgebackenes) und suure Rull (saure Rolle, die friesische Variante des Saumagens). Rechtzeitige Voranmeldung erforderlich! *Mi geschl. | Westertilli 23 | Tel. 04844 3 99 | www.unterdenlindenpellworm.de | €€*

INSIDER TIPP WARFT CAFÉ

Mehr als ein Café: Auf einer Warft werden italienischer Kaffee, Wein, Torten und Suppen serviert. In der Hofboutique können Sie witzige Modeaccessoires und Souvenirs erwerben, es gibt einen schönen Minigolfplatz, und wer Lust hat, Landwirt zu spielen, leiht sich den hauseigenen Traktor ... *Im Sommer tgl. 14–18 Uhr, im Winter s. Aushang | Hooger Fähre 3 | Tel. 04844 99 08 20 | www.warft-cafe-pellworm.de | €*

EINKAUFEN

INSIDER TIPP ALTES PASTORAT

Barbara Pastoors versammelt Schönes aus Leinen und Stoff, Keramik, Deko und Schmuck, Seifen, Konfitüre und Kochbücher auf kleinem Raum. Allein das reetgedeckte Haus in einem entzückenden Garten lohnt das Vorbeischauen! *Mo/Di, Do/*

Auf Pellworm ist der Strand grün – und blüht mitunter sogar

Fr 10–17, Sa 10–14, So 11–14 Uhr u. n. V. | Alte Kirche 9 (direkt am Deich) | Tel. 04844 99 07 19 | www.altes-pastorat-pellworm.de

ATELIER POSEIDON

Die 🕐 handgesponnene Schafwolle von Inge Petersen begeistert sogar des Strickens Unkundige. Ehemann Martin verkauft seine Aquarelle und Skulpturen und gibt Freizeitmalern Unterricht, während Sohn Arne einzigartige Keramikobjekte präsentiert. *Mo–Fr 10–13 u. 15–17 Uhr | Nordermitteldeich 49 | Tel. 04844 3 81 | ferienhaus-atelier-poseidon.de*

INSIDER TIPP INSEL-ATELIER EMMY JENSEN

Die Aquarelle der „Himmelsmalerin" zeigen das Wattenmeer und das Farbenspiel über dem Wasser. Auch Seidenmalerei. *Keine festen Öffnungszeiten | Junkersmitteldeich 3 | Tel. 04844 2 22*

PELLWORMER TÖPFEREI

In diesem Haus residierte 1882/83 der berühmte Dichter Detlev von Liliencron. Heute kreieren hier Rachel Kyle und Hermann Petersen geschmackvolle Gebrauchsartikel aus Keramik, Messing und Waldglas. Auch Schmuck ist im Angebot. *Di–Fr 10–12.30 u. 14–18, Sa 10–12.30 Uhr | Liliencronweg 28 | Tel. 04844 15 88*

FREIZEIT & SPORT

Sandstrände gibt es auf Pellworm nicht, aber acht Badestellen auf den grasbewachsenen Wasserseiten der Deiche mit Badetreppen und Duschen. Das Wasser ist relativ flach und hat keine gefährlichen Strömungen. An etlichen Badestellen können Sie Strandkörbe mieten. FKK-Badestelle an der Nordermühle.
Zur Freizeitanlage Kaydeich *(April–Okt.)* gehört ein schöner *Minigolfplatz* mit freundlicher Bewirtung *(Nis Puk | €)*.

PELLE WELLE

Das Schwimmbad im Kurzentrum lockt u. a. mit einer Badelandschaft für Kleinkinder, einer 62-m-Rutsche, Nichtschwimmerbecken, Saunalandschaft und Bistro. Die Öffnungszeiten sind unterschiedlich, zu erfahren im Bad *(Tel. 04844 99 04 49)* oder beim Tourismusservice. *Eintritt ab 4,60 Euro | Uthlandestr. 6 | www.pelle-welle-freizeitbad.de*

AM ABEND

In der Saison finden Diskoabende, Kino, Vorträge, Theateraufführungen und Konzerte im ● *Pellwormer Danzsool* in der Freizeitanlage Kaydeich statt.

DE BEER-KROG IM PONYHOF

Gemütliche Kneipe, in der man abends ein Bierchen vom Fass und eine warme Mahlzeit bekommt. *Di–So ab 18 Uhr | Osterschütting 11 | Tel. 04844 4 14*

ÜBERNACHTEN

CLAUSENHOF

Der liebevoll restaurierte Hof aus dem Jahr 1761 steht auf einer Warft direkt am

PELLWORM

Naturschutzgebiet Waldhusen-Tief. Er beherbergt fünf komfortable Ferienwohnungen. *Waldhusen 9 | Tel. 04844 2 90 | www.clausenhof.de | €€*

HOTEL FRIESENHAUS
Seit 2013 führen Ursula und Lutz Pelzl das gemütliche Hotel unter Reet, 200 m vom Badestrand entfernt. Die ☼ Zimmer gewähren Blick auf den Leuchtturm oder auf die Wiesen. Hotelgarten, Sauna, die *Friesenstube* mit der *Bootsbar*, die Sonnenterrasse und ein gutes Restaurant runden das Angebot ab. *23 Zi., 2 Fwg. | Kaydeich 17 | Tel. 04844 99 04 90 | www.hotel-friesenhaus-pellworm.de | €€*

KIEK UT ☼
Gleich hinterm Deich liegt das stilvolle Haus mit 23 komfortablen Zimmern und Apartments, Badestrand und Blick auf Hallig Hooge sowie der netten, kleinen Hotelbar *Likedeeler* (ab 20.30 Uhr). Speisen können Sie nebenan im Gasthaus *Hooger Fähre* (*März–Mitte Okt. Mi geschl., Mitte Okt.–Feb. auf Anfrage | Tel. 04844 99 23 23 | www.gasthaus-pellworm.de | €€*). Hooger Fähre 6 | Tel. 04844 90 90 | www.nordsee-hotel-pellworm.de | €€

AUSKUNFT

TOURISTINFORMATION
Zimmervermittlung, Strandkorbvermietung, Infos zu Wattwanderungen und Veranstaltungen. *Uthlandestr. 2 | 25849 Pellworm | Tel. 04844 189 40 | www.pellworm.de*

ZIEL IN DER UMGEBUNG

SÜDEROOG ⓒ (122 A6) (ω C7)
Die südlichste und kleinste der ständig bewohnten Halligen (62 ha), die vom Pächterpaar nach ökologischen Richtlinien bewirtschaftet wird und ein Vogelschutzgebiet ist, können Sie nur im Rahmen einer geführten Wattwanderung besuchen: Nach ca. 1,5 Std. Fußmarsch durchs Watt haben Sie eine Stunde Aufenthalt bei Kaffee und Kuchen, dann geht's wieder zurück. Anmeldung bei der *Schutzstation Wattenmeer* (*5 Euro | Tel. 04844 760*) oder beim Halligpostboten Knud Knudsen (*4 Euro | Tel. 04844 2 01*). Das Betreten der Hallig kostet zusätzlich 1 Euro „Halliggebühr", der ihrem Schutz zugutekommt. Startpunkt ist im Südwesten Pellworms, bei der Abgangsstelle Süderoog.

RUNGHOLT

Rungholt galt lange Zeit als Erfindung. Sagenhaft reich soll der Ort gewesen und zur Strafe für Prasserei und Gotteslästerungen seiner Bewohner von den Fluten der Nordsee verschlungen worden sein. Der Nordstrander Landwirt Andreas Busch ging die Sache akribisch an: Im Wattenmeer bei Südfall waren Kulturspuren zum Vorschein gekommen, die er ab 1921 in jahrzehntelanger Arbeit dokumentierte. Er konnte beweisen, dass Rungholt tatsächlich existierte, zwar nicht als unerhört reiche Stadt, aber als vermutlich wohlhabender Hafenort. Reste von Deichen, Gebäuden und Werkzeugen ließen allerdings nur eine teilweise Rekonstruktion des 1362 untergegangenen Rungholt zu. Ein Großteil des Orts liegt vermutlich unter der Hallig Südfall. Detlev von Liliencron schrieb eine seiner schönsten Balladen über Rungholt: „Trutz, Blanke Hans".

HALLIGEN

Die Halligen sind bis auf Nordstrandischmoor und die Hamburger Hallig kein Land, das die großen Sturmfluten übrig ließen – so wie Nordstrand und Pellworm. Sie entstanden vor 800 bis 400 Jahren durch Schlickablagerungen und büßten bis zum Beginn eines wirksamen Küstenschutzes erhebliche Teile ein.

Das Charakteristische der Halligen ist, dass sie bei erhöhtem Hochwasser regelmäßig überflutet werden. Wer so ein „Land unter" miterlebt hat, versteht, warum die Nordsee „Blanker Hans" genannt wird, denn dann sind die Halligen blank: Bis auf die Warften, die künstlich aufgeworfenen Hügel, auf denen die Hallighäuser stehen, steht alles unter Wasser. Im Sommer werden die Halligen nur selten überflutet, aber das Seegras in den Weidezäunen erinnert an die letzten „Land unter".

An das öffentliche Strom- und Wassernetz wurden die Halligen in den 1950er- bis 1970er-Jahren angeschlossen. Früher mussten die Bewohner auch ohne Süßwasserbrunnen überleben. Auf vielen Warften sind heute noch die *Fethinge* zu sehen, Teiche, in denen das Regenwasser für die Viehtränke gesammelt wurde. Daneben wurde ein *Sood* angelegt, ein Brunnen, der ebenfalls mit Regenwasser gespeist wurde, das den Menschen als Trinkwasser diente. Wenn bei schweren Sturmfluten die Warften überspült wurden, waren auch die Wasserreservoirs verdorben. Geheizt wurde mit *Ditten*, Briketts aus getrocknetem und gestampftem Kuhmist.

Bild: Warft auf Nordstrandischmoor

Hügellandschaft im Wattenmeer: Die Warften sind im Sommer blühende Oasen und bei „Land unter" Inseln der Sicherheit

In den 1950er-Jahren baute man auf den großen Halligen Straßen: einspurige Plattenwege mit Ausweichstellen, die inzwischen asphaltiert wurden. Die kleinen Halligen sind autofrei.

Schwere Sturmfluten stellten die Existenz der Halligen immer wieder infrage. Und hätte man nicht ihren Wert als Wellenbrecher und Sturmflutsicherung für die ganze Küste erkannt und ihren Erhalt mit großen Summen subventioniert, wären sie wohl längst unbewohnt. Ende der 1950er-Jahre beschloss man ein Halligsanierungsprogramm, dessen Notwendigkeit die Sturmflut von 1962 auf schreckliche Weise bewies. Viele Häuser wurden unbewohnbar und mussten abgerissen werden. Großzügige Zuschüsse sorgten für zahlreiche Neubauten, bei denen allerdings ausschließlich Sicherheit und Wirtschaftlichkeit im Vordergrund standen. Deshalb gibt es nur noch wenige schöne alte und viele ziemlich hässliche Gebäude mit Eternitdächern. Mittlerweile hat man jedoch hier und da begonnen, Fassaden und Dächer zu verschönern.

Einige kleine Halligen sind seit Jahren unbewohnt. Auf der kleinsten, *Habel*, steht nur ein Gebäude, das im Sommer von einem Vogelwart genutzt wird. Auch *Südfall* und *Norderoog* werden nur im Sommer von Vogelwarten bewohnt. Unbewohnt ist das erst 1999 entstandene, 15 ha große Norderoogsand. Naturschutzvereine sorgen mit freiwilligen Helfern für die Erhaltung dieser kleinen Bollwerke gegen den Blanken Hans.

Seit den 1970er-Jahren hat auch auf den Halligen der Tourismus Einzug gehalten. Aber wer auf einer Hallig Urlaub macht, begibt sich in eine in mancher Hinsicht karge Umgebung. Wenn Sie sich jedoch faszinieren lassen können von der Unmittelbarkeit der Natur, vom Klang des Meers, von Wolkengemälden über einem weiten Horizont und Nächten ohne Straßenbeleuchtung, werden Sie sich keine Minute langweilen.

St. Margarethen auf Gröde: kostbare Kirchenkunst aus dem 16. Jh. unter Reet

Die nur gut 100 ha große *Hamburger Hallig* ist Natur- und Vogelschutzgebiet und nur im Sommer über einen Damm (5 Euro Maut für PKW) zu erreichen. Im *Hallig-Krog* gibt es kleine Gerichte und Kuchen *(April–Okt. tgl. 11–18 Uhr, Jan.–März nur So, außerhalb dieser Zeiten anfragen | Tel. 04671 9427 88 | www.hallig-krog.de | €)*. Von Nordstrand aus starten Ausflugsdampfer und Wattwanderungen nach *Nordstrandischmoor* (www.nordstrandischmoor.de) mit seinen vier Warften und 20 Ew. Nach *Süderoog*, das von einer Familie gepachtet und auch bewohnt ist, werden von Pellworm aus Wattwanderungen organisiert.

Die Halligbewohner sind sehr gastfreundlich. Viele nehmen sich gern Zeit für ein Schwätzchen mit ihren Gästen. Weniger gern hat man Ausflügler, die eine Hallig als Freilichtmuseum ansehen, über Weiden stapfen, Türen öffnen und unverhofft in Wohn- oder gar Schlafzimmer treten. Wer im Herbst, Winter oder Frühjahr auf die Halligen fährt, muss damit rechnen, dass „Land unter" die Rückreise zum geplanten Termin unmöglich macht, denn die W.D.R. kann natürlich nicht an einer Warft anlegen. Die Halligleute versorgen sich im Herbst so mit Vorräten, dass sie notfalls viele Wochen ohne Nachschub auskommen. *www.halligen.de*

HALLIGEN

GRÖDE

(122 C3) (m E5) **Seit rund 100 Jahren sind Gröde und Appelland mit 277 ha zur drittgrößten Hallig verbunden. Auf den beiden dicht beieinander stehenden Warften von Deutschlands kleinster Gemeinde leben 17 Menschen.**

Auf den jährlich bis zu 100-mal überfluteten Weiden grasen Schafe, im Sommer kommt Pensionsvieh dazu. Auf Gröde wird noch Allmendewirtschaft betrieben, d. h., ein Teil des Lands wird gemeinschaftlich bewirtschaftet. Entlang des knapp 1 km langen Wegs vom Anleger zu den Häusern kann man die typische Halligvegetation bewundern, besonders im Juli und August, wenn der Strandflieder *(Bondestave)* die Salzwiesen lila färbt. Auch auf Gröde brüten viele Vogelarten direkt auf dem Boden. Deshalb sollten Sie auf den Wegen bleiben. Im Frühjahr und Herbst rasten hier über 10 000 Ringelgänse.
Die kleine, reetgedeckte Kirche *St. Margarethen (stets geöffnet)* wurde 1779 erbaut; ihr Renaissance-Altar von 1592 zeigt die Lebensgeschichte Jesu.
In der Sommerzeit kommen Ausflugsboote von Schlüttsiel, Sylt und den anderen Inseln. An *Monikas Kiosk (Öffnungszeiten tideabhängig)* kann man sich mit Erfrischungen versorgen. Und für Urlauber gibt es fünf Ferienwohnungen *(Auskunft: Claudia Mommsen | Knudswarft | 25869 Hallig Gröde | Tel. 04674 3 02 | www.groede.de)*.

HOOGE

(122 A4) (m C5–6) **Hooge ist die zweitgrößte und am dichtesten besiedelte Hallig. Von auffallend breiten Prielen durchzogen, hat es Hooge in den letzten Jahrzehnten im Kampf gegen die Nordsee etwas leichter gehabt als die anderen Halligen, denn seit 1914 wird es von einem Sommerdeich geschützt.**

Mit „Land unter" müssen die Hooger nur fünf- bis zehnmal jährlich rechnen. Auf 560 ha und zehn Warften leben rund 107 Menschen. Im Sommer allerdings wohnen hier auch bis zu 500 Urlauber. Und Tag für Tag bringen Ausflugsboote so viele Tagesgäste, dass von Ruhe und Beschaulichkeit in der Nähe des Fähranlegers nichts mehr zu spüren ist. Wie in einer riesigen Prozession bewegen sich rund 1000 Tagestouristen zu Fuß, per Fahrrad oder Kutsche vom Anleger zur Hanswarft, die Restaurants, Cafés, den Halligkaufmann *(www.halligkaufmann.de)* und die Sturmflutgalerie beherbergt. Ausflugsboote kommen von Schlüttsiel und allen Nordfriesischen Inseln.

SEHENSWERTES

JOHANNISKIRCHE ★

1637 wurde die Hooger Kirche mit Material der 1634 zerstörten Kirchen von

---

MARCO POLO HIGHLIGHTS

★ **Johanniskirche**
Der Boden der Hooger Halligkirche ist mit Muscheln bedeckt
→ S. 85

★ **Königspesel**
Königlicher Alkoven auf Hooge
→ S. 86

★ **Kapitän-Tadsen-Museum**
Bilegger, Döns, Grasterloch? Auf Langeneß werden Sie schlau
→ S. 87

★ **Oland**
Eine Warft wie ein Dorf
→ S. 89

HOOGE

Friesenkacheln, Deckenmalerei, Schnitzwerk, Schmiedeeisen: der Königspesel

Alt-Nordstrand erbaut und auch mit Gegenständen aus den untergegangenen Kirchen ausgestattet. Sehenswert sind das aus Holz geschnitzte Taufbecken von 1624 und die Kanzel mit der 1743 geschnitzten Tür, die die Bedeutung des Walfangs dokumentiert, außerdem die Taufschale. Zwischen dem schönen Gestühl von 1624 ist die Erde mit Sand und Muscheln bedeckt, durch die das Wasser nach einer Überflutung versickern kann. *Di–So 9 Uhr bis zur Dunkelheit | Kirchwarft 1 | www.halligkirche.de*

KÖNIGSPESEL ★

Im Sommer nach der Sturmflut 1825 machte sich der dänische König Friedrich VI. auf, um sich ein Bild über die Schäden auf Inseln und Halligen zu machen. Weil ein Sturm aufzog, musste er auf Hooge übernachten. Der Pesel von Kapitän Tade Hans Bandiks wurde für eine Nacht sein Schlafgemach und ist seither eine Sehenswürdigkeit – allerdings nicht nur wegen des königlichen Alkovens. Auch das übrige Mobiliar und die besonders schönen Fliesen sind ein beeindruckendes Beispiel für die Wohnkultur einer reichen Kapitänsfamilie im 18. Jh. *Tgl. 10–17, Nebensaison bis 16.30 Uhr | regelmäßige Führungen | Eintritt 2 Euro | Hanswarft 11 | Tel. 04849 219 | www.koenigspesel.de*

STURMFLUTKINO

Alle 20 Minuten tost eine Viertelstunde lang der Sturm, toben die Wogen, ist „Land unter". Beeindruckende Kurzfilme. *Eintritt 2,50 Euro | Hanswarft 9 | www.sturmflutkino.de*

ESSEN & TRINKEN

ZUM SEEHUND

Friesische Speisen (auch vegetarische) und friesische Getränke in schöner friesischer Gaststube, im Sommer auf der großen Terrasse. Auch zwei Zimmer. *Ganzjährig | Hanswarft 8 | Tel. 04849 226 | www.zumseehund.de | €*

HALLIGEN

ÜBERNACHTEN

FRERK'S BUERNHUS
Hotelpension abseits des Tagestourismus. Auch Halbpension, Sauna. *13 Zi. u. Apt. | April–Nov. | Lorenzwarft 1 | Tel. 04849 2 54 | www.hallighotel.de | €–€€*

HUS HALLIGBLICK
Pension auf dem Bauernhof mit sieben Zimmern, drei Ferienwohnungen, Sauna und Bar. *6. Jan.–Okt. | Backenswarft 5 | Tel. 04849 2 22 | www.hus-halligblick.de | €*

AUSKUNFT

TOURISTIKBÜRO „UNS HALLIG HUS"
Informationen und Zimmervermittlung. *Hanswarft 1 | 25859 Hooge | Tel. 04849 2 55 | www.hooge.de*

LANGENESS

(122 A–B3) (*C–D 4–5*) Die Entfernung zwischen der ersten und der letzten Warft entspricht fast der Länge der größten Hallig: ungefähr 9 km.

Langeneß ist ist schmal, misst an der breitesten Stelle nicht mal 2 km und hat eine Fläche von 956 ha. Zu Fuß läuft man lange auf der langen Hallig. Eine gute Alternative sind Leihfahrräder (Achtung: Auf Langeneß hat der Wind freie Bahn. Wer mit Rückenwind vom Anleger an der Rixwarf ostwärts radelt, kann auf dem Rückweg Mühe haben, pünktlich zur Abfahrtszeit anzukommen) oder die angebotenen Touren zu den Sehenswürdigkeiten mit dem „Hallig-Express".

Auf den 18 Warften leben etwa 134 Menschen; rund 300 Urlauber können Unterkunft finden, vor allem in kleinen Ferienwohnungen. Von den mit Duschen ausgestatteten Badestellen führen Stufen ins Wasser.

Langeneß wird von der W.D.R auf der Route Schlüttsiel–Amrum angesteuert, außerdem von Ausflugsbooten von Schlüttsiel und den Inseln.

SEHENSWERTES

FRIESENSTUBE
Möbel und Hausrat der Familie Johannsen aus mehreren Jahrhunderten werden in der Stube des Hauses aus dem Jahr 1875 präsentiert – ein hervorragender Einblick in die Kulturgeschichte der Halligen. *Führungen Di, Do 10.30 Uhr | Eintritt 1,50 Euro | Honkenswarf 2*

KAPITÄN-TADSEN-MUSEUM ★
Nach der Sturmflut 1825 wurde das Haus von 1741 auf der schönsten Warft neu erbaut. Das komplett als Museum restaurierte und mit Gegenständen aus dem 18. Jh. ausgestattete Haus zeigt, wie auf den Halligen jahrhundertelang gelebt wurde. Der typische *Bilegger*, der Beilegerofen, wurde von der Küche aus befeuert, um die *Döns*, die Wohnstube, frei von Ruß und Asche zu halten. Beim Backen saß die Bäuerin in einer Vertiefung,

LOW BUDGET

▶ Wer sich auf Langeneß bei Postschiffer Fiede Nissen einmietet, darf ihn schon mal umsonst beim Briefeaustragen mit der „Störtebeker" von Hallig zu Hallig begleiten. *4 Fwg. | Tel. 04684 2 56 | www.gaestehaus-neuwarft.de*

▶ Camper können auf der Wiese der *Volkertswarft (Hooge)* für 7 Euro/Tag ihr Zelt aufschlagen. *www.bildungswarft.de*

LANGENESS

dem *Grasterloch*, damit sie es bequemer hatte. *Führungen Ostern–Okt. Mo–Sa 13.30 Uhr | Eintritt 2 Euro | Ketelswarf 2*

KIRCHE
Erst 1725 bekamen die Halligbewohner eine eigene Kirche. 1894 wurde auf den alten Grundmauern neu gebaut und erweitert. Der Vorbau wurde von der Sturmflut 1962 zerstört und musste erneuert werden. Auch hier ist das Inventar größtenteils älter als die Kirche selbst. Sehenswert sind die Deckenmalereien aus dem 18. Jh., der Flügelaltar von 1670, die Kanzel von 1696 und die beiden Taufen aus Muschelkalk (13. Jh.) und Rotsandstein (16. Jh.). *Tgl. 8–18 Uhr | Kirchwarf*

ESSEN & TRINKEN/ÜBERNACHTEN

ANKER'S HÖRN
Ein Vier-Sterne-Hotel auf einer Hallig – seit 2010 gibt es auch das. Schnuckelige, helle Zimmer in modernem maritimem Stil, Sauna mit Panoramablick, Terrasse, Strandkörbe. Und Halbpension in Form eines abendlichen Menüs wird auch geboten. *12 Zi. (auch Familienzimmer) | Mayenswarf 2 | Tel. 04684 2 91 | www.ankers-hoern.de | €€*

HOTELRESTAURANT HILLIGENLEY
In der Gaststube schmecken liebevoll zubereitete Gerichte wie Scholle, Krabbenrührei & Co. vorzüglich, in den fünf kleinen Ferienwohnungen und den zehn Zimmern schlummert man gemütlich. *Hilligenley 4 | Tel. 04684 2 23 | www.hilligenley.de | €*

AUSKUNFT

TOURISMUSBÜRO LANGENESS/OLAND
Information und Zimmervermittlung. *Ketelswarf 1 | 25863 Langeneß | Tel. 04684 2 17 | www.langeness.de*

VOGELSCHWÄRME

Keine andere Region Europas ist so wichtig für den ● Vogelzug wie das Wattenmeer. Viele Millionen Zugvögel nutzen die weiten Schlickflächen und die Salzwiesen zwischen Holland und Dänemark, um auf der Reise zwischen ihren Winterquartieren und ihren Brutgebieten im hohen Norden zu rasten und sich satt zu fressen. Im März/April und im September/Oktober fallen sie dann ein: Ringelgänse in endlos langen v-förmigen Formationen, Singschwäne in langen Reihen, Knutts in riesigen Schwärmen, dazu andere Watvögel wie Alpenstrandläufer und Goldregenpfeifer, Enten aller Art in kleinen Gruppen, aber auch Singvögel wie Steinschmätzer und einige Drosselarten. Es ist ein beeindruckendes Erlebnis, die Vogelschwärme über dem Meer zu beobachten, Hunderttausende Individuen oft, die dennoch wie ein einziger Organismus zu funktionieren scheinen, gelenkt von einem unsichtbaren Marionettenspieler. Auf und um Hallig Hooge rasten von Mitte April bis Mitte Mai neben vielen anderen Arten Tausende von Ringelgänsen, im Oktober kommen auch die hübschen Weißwangengänse und die bunten Pfeifenten dazu – eine gute Gelegenheit nicht nur für Hobbyornithologen für einen Halligbesuch.

HALLIGEN

Land unter auf Langeneß – dann ist jede Warft eine Insel für sich

OLAND

(122 B–C2) (*D–E4*) ⭐ **Die einzige Warft auf Oland wirkt wie ein kleines Dorf. In 17 größtenteils reetgedeckten Wohnhäusern leben ca. 20 Menschen.**
Und auch etwa 50 Urlauber finden Quartier, überwiegend in Ferienwohnungen. Oland ist die schönste Hallig. Um den *Fething* in der Warftmitte stehen die Häuser, Kirche, Schule, Gasthof und der nur 7,5 m hohe, reetgedeckte Leuchtturm dicht beieinander, lassen aber genug Platz für Bäume und blühende Gärten. In einem ist noch ein alter Soodschwengel zu sehen, mit dem das Trinkwasser aus dem *Sood* geschöpft wurde. Festlandsnähe und Warfthöhe bieten so viel Schutz, dass Blumen und Bäume hier besser gedeihen als auf anderen Halligen.

In der reetgedeckten kleinen *Kirche* von 1824 fällt die aus Eiche geschnitzte und bunt bemalte Kanzel von 1620 auf. Zwischen geistlichen Motiven sind Hermenpilaster zu finden, barbusige barocke Schönheiten. Sehenswert sind auch die romanische Taufe und das Kruzifix (beide um 1200), geschnitzte Apostelfiguren (15. Jh.), der Pastorenstuhl und drei Grabsteine aus dem 16. und 17. Jh. *(Ostern–Okt. tgl. 8–18 Uhr)*.

In der Halligstube ☼ *Kiek in (vorher anmelden unter Tel. 04667 3 90 | €)* sitzt man bei gutem Wetter auch draußen mit Blick auf den Bootshafen.

Die 96 ha große, autofreie Hallig besitzt ein kurioses Verkehrsmittel: Im Südwesten ist Oland mit Langeneß (2,5 km) und im Norden mit dem Festland bei Dagebüll (gut 5 km) durch einen Schienendamm verbunden, auf dem kleine motorisierte Loren verkehren können. Das Landesamt für Küstenschutz duldet die privaten Transportwagen, mit denen die Vermieter auch ihre Gäste abholen. Ausflügler werden allerdings nicht mitgenommen. Sie können per Ausflugsschiff von Schlüttsiel oder den Inseln kommen, im Rahmen einer Wattwanderung von Dagebüll oder zu Fuß über den Damm von Langeneß. Auskunft: *s. Langeneß*

AUSFLÜGE & TOUREN

Die Touren sind im Reiseatlas, in der Faltkarte und auf dem hinteren Umschlag grün markiert

1 WESTERLAND-FÖHR ENTDECKEN

● Natur pur und die beiden schönsten Dörfer der Insel: Von Nieblum über Witsum, Utersum, Süderende, Oldsum und Borgsum zurück nach Nieblum sind es rund 25 km. Eine Strecke, für die Wanderer ohne Pausen 5 Stunden und Radfahrer etwa 2 Stunden rechnen sollten. Am besten nehmen Sie sich aber einen ganzen Tag Zeit. Ein Hinweis zur leichteren Orientierung: Diese Tour ist Teil der ausgeschilderten „Eilun-Tour" (hellgrün mit Seesternsymbol) und der Tour „Föhrer Zeitzeugen" (orange mit Wikingerhelm). Eine nützliche, in allen Touristinformationen erhältliche Fahrradkarte mit allen fünf Föhrer Themen-touren hat der Föhr-Tourismus herausgegeben (3 Euro).

Im schönsten Inseldorf, in **Nieblum** → S. 35, geht's los in Richtung Witsum. Hinter Goting heißt die Strecke dank der tollen Ausblicke aufs Meer **Traumstraße** → S. 39. Sie biegen jedoch seewärts ab nach Goting, folgen in diesem Nieblumer Ortsteil gleich wieder der Ausschilderung (hellgrün/orange) nach rechts und kommen so, ☼ geschützt zwischen Strand und Straße und durch wunderbare Ausblicke verwöhnt, ins kleine **Hedehusum**. Wenn Sie einen fantastischen Blick auf die Nachbarinsel Amrum genießen wollen, dann biegen Sie hier am Ortsende in die Straße *Poolstich* ein, an deren Ende eine ☼ kleine Bank am Meer steht, und

Bild: Bei Borgsum (Föhr)

Weiter Himmel, blühende Wiesen und das Wattenmeer: zu Fuß, mit dem Rad und per Schiff durch die faszinierende Inselwelt

schauen mal rüber. Dann aber geht es weiter auf der hellgrün und orange markierten Strecke, es sind noch etwa 1,5 km bis nach **Utersum → S. 45**.

Für eine erste Rast ist das ✱ **Strandrestaurant Sehliebe** *(Di geschl. | Tel. 04683 4 32 | sehliebe.de | €€)* im *Haus des Gastes (Klaf 2)* sehr zu empfehlen: Die Speisen sind leicht und modern, mit mediterranem Touch, der Ausblick von der Terrasse auf Strand und Meer großartig. Falls Ihnen nach einem Bad zumute ist: Der Strand an dieser Stelle ist gut. Frischgebackene Onkel und Tanten sollten in jedem Fall den entzückenden kleinen Laden **Föhr liebt** *(Lung Jaat, Ecke Norder Jaat)* besuchen und etwas für die lieben Kleinen in den Rucksack packen.

Die nächste Etappe, 2 km lang, führt zur einsam gelegenen Kirche **St. Laurentii → S. 44**. Im 1 km entfernten **Süderende → S. 44** können sich Hungrige im Garten des **Uun't Waanjhüs → S. 44** mit Kuchen oder einem Süppchen stärken. Von Süderende geht es ca. 1,2 km weiter auf der Hauptstraße nach **Dun-**

sum → S. 45, wo Sie der Ausschilderung „milk and more" folgen, um sich mal auf einem Föhrer **Bauernhof** → S. 45 umzuschauen. Danach geht's weiter 1 km Richtung Norden durch die Marsch und ca. 1,5 km im Zickzack nach Osten ins schöne **Oldsum** → S. 42 mit seinem ursprünglich gebliebenen Kern. Wer schon wieder Appetit hat, auf den wartet dort in **Stellys Hüüs** → S. 42 köstlicher selbst gebackener Blechkuchen oder im **Apfelgarten** → S. 43 knackige Salate und heiße Süppchen.

Gut gestärkt können Sie einen etwa 5,5 km langen Abstecher zum Deich unternehmen: Fahren Sie nach Norden aus Oldsum heraus durch die Marsch, bis Sie unterhalb des Deichs zum Schöpfwerk Föhr-Mitte gelangen. Dort biegen Sie rechts ab und radeln am Deich entlang bis zur kleinen **Informationsstelle der Schutzstation Wattenmeer**. Auf Schautafeln werden die komplexen Zusammenhänge des Ökosystems Wattenmeer verständlich erklärt. Und da alle Theorie bekanntermaßen grau ist, können Sie auch gleich aus dem Sattel steigen und jenseits des grünen Deichs, auf den ein Weg hinaufführt, einen Blick aufs Meer werfen und aufs Vogelschutzgebiet des Toftumer Vorlands, über das der Blick bis zur Sylter Südküste reicht. Nach diesem Stopp fahren Sie weiter ostwärts am Deich entlang bis zum nächsten Abzweig landeinwärts, der Sie durch die Oldsumer Ortsteile Toftum und Klintum zur Hauptstraße führt.

Wer auf den Blick übern Deich verzichtet hat, bewegt sich wieder südostwärts, ebenfalls bis zur Hauptstraße. Diese überqueren Sie, dann biegen Sie ab nach Süden in Richtung Borgsum. Jetzt führt die Route durchs unbebaute Westerland. Natur pur ist angesagt, rund 5 km, bis Sie kurz vor Borgsum in Richtung Westen zum **Ringwall Lembecksburg** → S. 39 kommen. Nachdem Sie den 10 m hohen Wall erklommen und sich der Aussicht erfreut haben, können Sie sich die erst 1991 erbaute **Windmühle** in **Borgsum** anschauen, aber nur von außen. Und falls Sie schon wieder durstig sind: Gleich gegenüber ist der kleine Garten der Gaststätte **Letj Lembeck's** *(Di geschl. | Malnstieg 5 | Tel. 04683 369 | www.lembecks.de | €–€€)*, die auch Kuchen und deftige Speisen anbietet. Von hier aus geht es durch Borgsum zurück nach Nieblum.

Die Ruhe vor dem Sturm: Bald ist es voll am Norddorfer Strand

AUSFLÜGE & TOUREN

2 AMRUM VON ALLEN SEITEN

Wald, Kniepsand und Watten – erleben Sie Amrums Vielseitigkeit! Die Strecke von Wittdün über Westerheide nach Norddorf und am Wattenmeer über Nebel und Steenodde zurück nach Wittdün ist etwa 20 km lang und für Wanderer und Radfahrer geeignet. Per pedes brauchen Sie ohne Pausen 5 Stunden, per Rad etwa 2 Stunden. Meiden Sie in jedem Fall die gefährliche Hauptstraße. In **Wittdün → S. 65** führt der Fuß- und Radweg in Richtung Ortsausgang über 2 km bis zum **Leuchtturm → S. 65**. Hier teilen sich die Wege: Sie folgen links dem Waldweg, der für Fußgänger wie für Radfahrer gedacht ist – Rücksicht ist angesagt. Die Strecke führt durch den Kiefernwald in rund 7 km nach Norddorf. Nach etwa 2,5 km kreuzen Sie den Weg von Nebel zum Kniepsand. Wenn Sie ihm nach links folgen, erreichen Sie nach 800 m den Strand. Kurz vor Norddorf lohnen die **Vogelkoje → S. 65** und der **Dünenlehrpfad** einen Halt. In **Norddorf → S. 62** ist ein Abstecher an den Badestrand möglich, wo Sie am Strandaufgang von der Terrasse des Restaurants **De Strunluuker** *(Do gschl. | Tel. 04682 9 68 94 40 | €€– €€€)* ein herrlicher Ausblick bis nach Sylt, Pannfisch, Pasta und ein gutes Glas Wein erwarten. Im Ort selbst können Sie sich in einem der vielen Restaurants und Cafés stärken und einen kleinen Bummel durch den Fußgängern vorbehaltenen **Strunwai** mit seinen Geschäften machen. Zurück geht's auf der Wattseite Amrums, auf einer asphaltierten, aber mäßig befahrenen Straße. Nach gut 4 km erreichen Sie den schönsten Ort der Insel, **Nebel → S. 58**. Kleine Gärten vor den alten Friesenhäusern sorgen für Postkartenmotive. Und **St. Clemens → S. 60** mit den berühmten Grabsteinen ist eine weitere Attraktion. Gemütliche Cafés und Restaurants verzögern die Weiterfahrt – dicht am Watt entlang, ins knapp 2 km entfernte **Steenodde**, wo man an der Landungsbrücke (ungepulte) Krabben kaufen kann, und zwar im INSIDER TIPP *Steuerhaus No 1 (Di–Sa 10–12.30 Uhr bzw. „immer, wenn die rote Fahne weht"),* einer bunten Bude, die die Tierchen – superfrisch angelandet vom ● Kutter „Butjadingen" – feilbietet. Die letzte Etappe führt über 2 km am Deich entlang zurück nach Wittdün. Gelegenheit, sich am **Seezeichen- und Yachthafen → S. 66** oder in der Marina umzusehen und dort einen Imbiss im **Seefohrerhus → S. 66** zu sich zu nehmen.

3 IN DER WELT DER HALLIGEN

⭐ Da man im Wattenmeer auf kundige Führung und natürlich auf Schiffe angewiesen ist, muss man sich bei der Planung dieser Tour dem Schiffsfahrplan und den Gezeiten beugen. Der Ausflug erschließt Ihnen die Halligwelt und das Watt auf einzigartige Weise, er dauert etwa 9,5 Stunden und wird im Sommer mehrmals pro Monat angeboten. Informationen und Anmeldung bei der W.D.R. *(Tel. 04667 9 40 30 und Tel. (*) 01805 08 01 40)* sowie bei den Föhrer Tourismusinformationen.
Los geht's mit der Fähre von **Wyk → S. 46** nach Dagebüll. Dort heißt es: „Schuhe aus!", und Sie wandern – fachkundig geleitet von einem Wattführer – vom Fähranleger 3 bis zur **Hallig Oland → S. 89**. Der Meeresboden auf diesem Abschnitt besteht meist aus festem Sandwatt, zum Teil aus dem schlickigeren Mischwatt. Auf Oland haben Sie nach dem Säubern der

Füße etwa 1 Stunde Zeit für einen Imbiss im Halliggasthof Kiek in → S. 89 oder zur Besichtigung der Halligkirche → S. 89. Danach geht's weiter – 4 km auf festem Sandwatt zur Hallig Langeneß. Auch auf diesem Teilstück können Sie von Ihrem Wattführer all das erfahren, was Sie schon immer übers Watt und die Gezeiten wissen wollten. Auf Langeneß → S. 87 entern Sie den „Hallig-Express" (ein oder zwei von einem Unimog gezogene Anhänger), um zwei Stunden lang die Hallig zu erkunden: Besuch des Kapitän-Tadsen-Museums → S. 87 oder der Friesenstube → S. 87, Besichtigung der Halligkirche → S. 88 und Einkehr in den Gasthof Hilligenley → S. 88. Zum Schluss fahren Sie von der Rixwarf mit einem Ausflugsdampfer vorbei an der Südspitze Amrums in 1,5 Stunden wieder zurück nach Wyk.
Je nach Tide kann die in diesem Fall achtstündige Tour auch umgekehrt verlaufen, also Fahrt von Wyk nach Langeneß, Fußmarsch nach Oland und Dagebüll und per Fähre zurück nach Wyk.

4 DURCH DEN BELTRINGHARDER KOOG

Neuland betrachten mit Süß- und Salzwasserbiotopen: Rundfahrt vom Holmer Siel durch den Beltringharder Koog, Brutgebiet für Wasser- und Watvögel, und die Hattstedtermarsch. Die Tour ist etwa 28 km lang. Ohne Pausen brauchen Sie ungefähr 3 Stunden. Wenn möglich, nehmen Sie ein Fernglas mit und außerhalb der Saison ein wenig Verpflegung.

Ausgangspunkt ist das Holmer Siel an der nördlichen Spitze Nordstrands, am Beginn des Naturschutzgebiets Beltringharder Koog. Sie starten am Deich, direkt am Sielgebäude. Auf der rechten Seite, dem Koog zugewandt, steht eine Steinskulptur von Ulrich Lindow aus Halebüll, und ein zerdrücktes Sieltor zeugt als Mahnmal von der Urgewalt der Nordsee. Hier können Sie auch am besten den Damm zwischen Süß- und Salzwasserbiotop erkennen, der sich von den Sielmauern in den Koog hineinschlängelt.

Einladend und gemütlich: Alkoven im Kapitän-Tadsen-Museum auf Langeneß

AUSFLÜGE & TOUREN

Der Weg führt auf der Asphaltstraße entlang der Deichlinie. Im Westen sieht man die Insel Pellworm und ganz nah die Hallig Nordstrandischmoor. Die Route verläuft parallel zum Deich bis **Lüttmoorsiel**. Dort finden Sie einen Kiosk mit Kaffeeausschank und Toiletten.

Sie folgen der kleinen Straße, die im rechten Winkel zum Deich zwischen Salzwassergebiet (rechts) und zweitem Süßwassergebiet (links) in Richtung Cecilienkoog führt. Mit einem Fernglas können Sie hier viele Vogelarten beobachten. Auf dem alten Außendeich angekommen, fahren Sie noch ein kleines Stück geradeaus bis zur Kreuzung und folgen dort dem Schild, das den Weg zur Arlauschleuse weist. Die kleine Straße führt wieder auf die Deichlinie zu. Nach kurzer Zeit kommen Sie dort direkt auf der Deichkrone an einer ❄ Aussichtsplattform vorbei. Von dort haben Sie einen guten Ausblick auf die Hattstedtermarsch und auf die Nordsee mit Nordstrand und den Halligen. Hungrig und durstig? Dann kehren Sie ein ins **Restaurant Deichgraf** im Hotel Arlau-Schleuse *(tgl. | Tel. 04846 6 99 00 | www.arlau-schleuse.de | €€)*.

Dann geht's weiter auf der Straße am Deich entlang über die Arlau und die Jelstromschleuse. Ungefähr 1 km vor dem Nordstrander Damm zweigt die Straße links in Richtung Wobbenbüll ab. Nach dem Ortsschild biegen Sie rechts auf den Feldweg mit zwei Fahrspuren ab, der zum Fahrradweg entlang des Nordstrander Damms führt. Rechts befindet sich das INSIDER TIPP **Süßwasserbiotop Süd**.

Die letzte Etappe führt links, entlang der Hauptstraße, bis zum Süderquerweg, in den Sie rechts einbiegen und der in den Hüttenweg übergeht. Über die Deichkrone hinweg radeln Sie auf die kleine Weggabelung zu, dort links bis zur Kreuzung. Rechts in die Hauptstraße einbiegen und dieser bis zum Holmer Siel folgen.

5 AM PELLWORMER DEICH

🚶 Eigentlich nur ein Spaziergang von gerade einmal 8 km Länge – doch Sie können aus dieser kleinen Tour bequem einen Tagesausflug machen. Badesachen sollten Sie unbedingt mitnehmen, eventuell auch ein Fernglas.

Los geht's am **Imbiss Hooger Fähre** (Strandübergang mit Badestelle), aber passen Sie auf, dass Sie hier nicht kleben bleiben – denn außer Currywurst & Co. (alles echt gut!) treffen Sie hier lauter nette Leute auf der Suche nach einem Pläuschchen. Also nichts wie weg und gen Süden, wo bald die nächste Verführung wartet: die **Badestelle an der Alten Kirche**, allerdings ohne Verpflegungsstation. Und schlimmer noch: Nicht weit von hier, im **Alten Pastorat → S. 79** gleich hinterm Deich, gibt es so geschmackvolle Mitbringsel, dass man gern etwas länger bleibt. Doch es geht weiter zur **Badestelle Schütting** – mit Verpflegung, aber auch mit Hundestrand: Passen Sie also gut auf Ihre Wurst auf, falls Sie dieselbe auf dem Deich sitzend verspeisen wollen! Auf dem weiteren Weg nach Süden, zum Kaydeich, sehen Sie nun linker Hand eine ganze Reihe kleiner schilfumsäumter Teiche, Rast- und Brutstätten vieler Vögel – das sind die **Pütten**, für die Pellworm bekannt ist. Lassen Sie sich Zeit, und beobachten Sie Reiherente, Rotschenkel & Co. An der **Badestelle Kaydeich** angekommen, die kurz vor dem **Leuchtturm → S. 77** liegt, bleiben Ihnen zum Abschluss dieser kleinen Tour mehrere Möglichkeiten: baden natürlich, ein Besuch des etwas gewöhnungsbedürftigen Imbisses hinter dem Strandübergang oder Kaffee, Tee und Kuchen im Garten des Cafés **Leuchtfeuer → S. 79** unterm Leuchtturm.

94 | 95

SPORT & AKTIVITÄTEN

Sowohl im Wasser als auch an Land wird Sport auf den Inseln großgeschrieben. Wandern ist der Klassiker – vor allem im Watt. Auch beliebt: Nordic Walking. Tennis kann man auf Föhr und Pellworm spielen. Und natürlich reiten, Fahrrad fahren und baden. Sie können aber auch bei einem abgespeckten Triathlon, dem *Pellwormer Trifun (www.trifun-pellworm.de)*, starten. Einen Überblick über das Angebot geben Ihnen die Veranstaltungskalender vor Ort.

BEACHVOLLEYBALL

Amrum: Plätze gibt es in Norddorf und Nebel. Föhr: Es gibt in Wyk Plätze an der Mittelbrücke und am Südstrand (bei den Surfschulen). Auch in Nieblum und Utersum gibt's Netze. Pellworm: Am Leuchtturm (Südstrand) wurde ein Sandplatz aufgeschüttet.

GOLF & CO

Zwischen Wyk und Nieblum am Flughafen liegt einer der schönsten Golfplätze Norddeutschlands, der *Golf-Club Föhr e. V. (Grevelingstieg 6 | Nieblum | Tel. 04681 58 04 55 | www.golfclubfoehr.de)* mit 27 Löchern. Mitspielen darf, wer den Handicap-Ausweis eines Clubs des Deutschen Golfverbands vorweisen kann.

Für Nordstrand-Urlauber ist der *Golf Club Husumer Bucht (Hohlacker 5 | Schwesing | Tel. 04841 72 2 38 | www.gc-husumer-bucht.de)* näher. Der Platz hat 18 Löcher.

Bild: Friesenhaus in Steenodde auf Amrum

Wassersport, Wandern, Radeln: Auf den Inseln und Halligen gibt es für Bewegungshungrige ein reichhaltiges Programm

In Oevenum auf Föhr finden Golfer, denen die Golfetikette schon immer ein Gräuel war, und solche, die einfach Spaß am Außergewöhnlichen haben, die 3 x 6 Bahnen des Cross-Golf-Clubs *Par-Tee-People Golfclub Oeventown (Buurnstrat 16 | Anmeldung: Tel. 0162 08 96 24 67 | www.parteepeople.de)*. Schläger und Bälle kann man leihen, Profitipps zum Crossgolfen gibt's gratis.

In Dunsum auf Föhr hat Familie Hinrichsen neben ihrem Bauernhof *(Aussiedlung 23 | Tel. 04683 9 63 49 79 | www.milk-more.de)* auf 5 ha Land neun Bahnen angelegt *(s. S. 45)*, auf denen Sie die Trendsportart INSIDER TIPP ▶ *Swingolf* ausprobieren können. Aus Frankreich importiert ist diese ländliche Variante des Golfspiels absolut alltagstauglich und für jedermann spielbar.

INLINESKATING

Das Dahingleiten in der schönen Umgebung und auf den gut geteerten Wegen der Inseln und großen Halligen ist für Anfänger und Geübte ein Vergnügen. Auf Nordstrand ist Inlineskating schon fast zum Volkssport avanciert, dort trainieren auch die Profis *(www.nordfriesland-skating.de)*.

LAUFEN & NORDIC WALKING

Auf Amrum gibt es zwei Joggingstrecken (6,5 und 5 km). Wer's gemächlicher mag, der walkt, auch nordisch: Es werden auf Föhr, Nordstrand und Pellworm *(Infos bei den Touristinformationen)* Kurse angeboten. Auf Amrum und Föhr kann man mit Ansporn laufen. Etwa im September beim *Amrumer Insellauf* über 28,5 oder 14,5 km, wovon 15 bzw. 7 km auf dem Kniepsand zu absolvieren sind, oder beim alljährlichen INSIDER TIPP **Wyker Stadtlauf** *(www.wyker-stadtlauf.de)* im August: 5 km rund um das Hafenstädtchen für jedermann, 10 km für die Profis und bei Deutschlands nördlichstem *Marathon (www.foehr-marathon.de)* im April, den man auch als Halbmarathon bestreiten kann.

RADFAHREN

Von Biking zu sprechen wäre auf den flachen Inseln und Halligen vermessen. Das Fahrrad ist für die meisten Gäste mehr Fortbewegungsmittel als Sportgerät. Auf allen Inseln und Halligen sind Radwege und -touren gut ausgebaut bzw. beschildert. Je nach Windrichtung kann die Fahrt zu einer echten Herausforderung werden. Radwanderkarten gibt es bei den Kurverwaltungen. Räder können Sie überall leihen *(5–7 Euro pro Tag)*.

REITEN

Kleine und große Reiter und Reiterinnen können auf allen Inseln in den Sattel steigen, z. B. auf
Amrum: *Reiterhof Andresen (Hoofstich | Norddorf | Tel. 0170 9 66 92 54 |www.*

Das Angebot für Pferde- und Ponyfreunde ist groß auf den Inseln

SPORT & AKTIVITÄTEN

reiterhof-andresen-amrum.de): Unterricht, Ausritte, Voltigieren und mehr; **INSIDER TIPP** *Islandpferdegestüt Stianood (Stianoodswai | Steenodde | Tel. 0177 4 81 18 07 | www.islandpferdehof-amrum. de):* Unterricht, Aus- und Strandritte
Föhr: Föhr ist ein Inseltraum für alle Fans von Flicka und Fury: Reitunterricht, Voltigieren, Ausritte durch die Marsch und ins Watt z. B. auf und mit dem *Reiterhof Christiansen (Alkersum | Tel. 04681 39 67 u. 0171 2 31 50 88 | www.inselgestuet-christiansen.de),* dem *Grevelinghof (Nieblum | Tel. 04681 5 91 84 u. 0170 5 63 47 71 | www.grevelinghof.de)* oder mit Nancy Petersens *Reitimpulsen (Wrixum (Büro) | Tel. 04681 50 15 88 u. 0177 5 89 33 44 | www.reitimpulse.de).*
Pellworm: Reiten – auch im Watt – und Ponyreiten auf dem *Appelhof (Terminabsprache erbeten | Schulstr. 9 | Tel. 04844 2 24 | www.appelhof-pellworm.de).* Britta und Ronald Herbst bieten auf dem *Wattreiterhof (Süderkoogweg 4 | Tel. 04844 99 05 57 | www.wattreiten-wanderreiten. de)* viele pferdesportliche Aktivitäten an.

SEGELN

Wer mit dem eigenen Segelboot angeschippert kommt, der findet in den Sportboothäfen von Amrum, Föhr *(www. hafen-wyk.de),* Pellworm, Langeneß, Hooge und Nordstrand Gastliegeplätze.
Amrum: Ricklef Boyens betreibt mit viel Engagement die *Surf- und Segelschule Amrum:* Katamaranvermietung, Ausflüge, Schulung für Ein- und Umsteiger, auch für Kinder *(Mai–Okt. am Norddorfer Strand | Tel. 0160 4 27 60 84 | www. surfschule-amrum.de).*
Föhr: Katamaran-, Jollen- und Opti-Segeln, Kurse und Verleih am Wyker Südstrand bei *Windsurfing Föhr* und bei *Schapers Wassersport-Center (Adressen s. „Surfen & Kiten"),* das auch Yachtsegelkurse ab der Wyker Marina durchführt.

SURFEN & KITEN

Amrum: Die Westküste ist ein ideales Revier. Im Sommer finden Wettkämpfe statt (Termine im Veranstaltungskalender). ● *Surfschule Amrum (Mai–Okt. | am Norddorfer Strand | Tel. 0160 4 27 60 84 u. 0171 4 84 93 16 | www. surfschule-amrum.de):* Schulung für Anfänger, Fortgeschrittene und Kinder, Verleih, Brettlagerung, Kitesurfen. Das *Strand 33 (s. S. 63)* dient den Surfern als Beachbar und Event-Location. Neuigkeiten aus der *Amrum Surf Community* finden sich in diversen Blogs und Networks, z. B. unter *www.amrumsurfers.de.*
Föhr: Die geringe Brandung macht Föhr zu einem guten Revier für Anfänger. Um Himmelfahrt herum stellen Windsurfer beim *Föhr-Cup* ihr Können unter Beweis *(Nieblumer Surfstrand | Termine und Infos im Veranstaltungskalender).*
Nieblumer Windsurfing-Schule (Badestrand Ende Heidweg | Tel. 04681 47 66 in der Saison | www.nws-foehr.de): Windsurfen, Kiten, Kitebuggy und Katamaran.
Windsurfing Föhr (Pitschi's Surfhütte | Promenade Nr. 13 | Büro: Strandstr. 33 | Wyk | Tel. 04681 7 47 812 u. 0170 9 00 67 76 | www.windsurfing-foehr.com): Verleih, Wind- u. Kitesurfen, Surfschulen am Wyker Südstrand (Mai–Sept.) und Juni–Aug. auch am Utersumer Strand (nur Windsurfen). Strandbar.
Schapers Wassersport-Center (Mitte April–Mitte Okt. | Promenade Nr. 20 | Büro: Strandstr. 23 | Wyk | Tel. 04681 58 00 87 u. 0177 3 12 70 62 | www.schapers.net): Verleih, Wind- u. Kitesurfen, Kanu, Ocean-Kayak, Stand-up-Paddling. Strandbar.
Nordstrand: Im Surfgebiet Holmer Siel treffen vor allem Anfänger auf gute Bedingungen für ihren Sport.

MIT KINDERN UNTERWEGS

Eine Schaufel, einen Haufen Sand und jede Menge Wasser – viel mehr ist nicht nötig, um Kinder hingebungsvoll beschäftigt zu sehen. Föhr mit seinem Watt und der geringen Brandung ist ideal für kleine Kinder; Amrums Kniepsand ist in seiner ganzen Länge für Kinder zu empfehlen.

Auf den Inseln ist man sehr auf Familien mit Kindern eingestellt. Das Angebot speziell für die ganz jungen Gäste ist umfangreich. Auch auf den kleineren Inseln und Halligen locken die Kurverwaltungen mit kleinen und großen Veranstaltungen. Bei Festen und Events gibt es immer auch Extra-Angebote für Kinder. Die Schwimmbäder haben besondere Kinderbereiche. Für Jugendliche sind die Sportmöglichkeiten reizvoll. Reiten oder Segeln lässt sich im Urlaub gut erlernen. Und so gut wie alle Schiffseigner und Reedereien haben kindgerechte Ausflüge im Angebot. Prospekte gibt's bei den Touristinformationen.

Wenn das Wetter mal richtig schlecht ist, dann sorgen große Indoor-Spielplätze mit vielen Attraktionen für einen ausgefüllten Urlaubstag: auf Amrum das *Abenteuerland (tgl., Nov.–März nur Sa | Eintritt 4,50 Euro, Kinder 9 Euro | Hoofstich 3* **(120 C1)** *(*🏛 *A4) | Norddorf | www.abenteuerland-amrum.de)* und auf Föhr der *Fun-Park (tgl., Nov.–Anf. März nur Fr–So | Eintritt 4,50 Euro, Kinder 8 Euro | Achtern Diek 5–7* **(119 E5)** *(*🏛 *C4) | Wyk | www.foehrfun.de).*

In Lokalen sind Kinder gern gesehen. Kaum ein Restaurant, kaum ein Café, in

Bild: Kniepsand auf Amrum

Mehr als Sonne, Wind und Wasser: Auch kleine Feriengäste kommen bei einem Inselurlaub in der Nordsee voll auf ihre Kosten

dem Hochstuhl und Kindermenü fehlen. Grenzenlose Toleranz herrscht aber nicht überall. Das muss ausdrücklich gesagt werden. Vielerorts wird erwartet, dass sich die kleinen Gäste manierlich benehmen, nicht über Tische und Bänke turnen oder andere Urlauber stören.

FÖHR

Märchenstunden am Strand, Basteln mit Meeresfunden, Fahrradrallye – regelmäßige Angebote der Kurverwaltungen sind im Veranstaltungskalender „Was ist los auf Föhr?" aufgeführt.

ABENTEUERTOUR JAPSAND

Die „Hauke Haien" nimmt Kinder und ihre Begleitung bei gutem Wetter mit auf große Fahrt. Zum Krabbenfang in den Prielen, zum Fotografieren an den Seehundsbänken und zum „Landgang" auf der großen Sandbank Japsand (0) *(*[*] B5–6)* vor Hallig Hooge zum Muschel- und Bernsteinsammeln. *Termine im Veranstaltungskalender und unter*

Mal auf einem Trecker sitzen: für manches Kind das schönste Ferienerlebnis

nen über die Insel und aufs Wasser. *Infos, Preise u. Termine: www.kinderuni-foehr.de*

INSIDER TIPP▶ KRABBENFANGFAHRT
(119 F5) (*C4*)
Auf der „Hauke Haien" lernen Kinder (und Erwachsene) auch das Einmaleins des Krabbenfangs: Netze auswerfen und wieder einholen, fangen, anschauen, kochen, pulen und ... essen natürlich. *Termine im Veranstaltungskalender und unter www.wattenmeerfahrten.de | Fahrt 16,50 Euro, Kinder (6–14 J.) 10 Euro, unter 6 J. frei | ab Alte Mole | Hafen | Wyk*

NATIONALPARK-ZENTRUM
(119 E5) (*C4*)
Im 2. Stock der Amtsverwaltung geht's zur Sache: Informativ und interaktiv wird ein Wattenmeer zum Riechen, Hören und Anfassen präsentiert. Immer wieder spannend: bei der **INSIDER TIPP▶ Fischfütterung** (Mai–Sept. Mo, Mi 15, Fr 11 Uhr) zugucken. *April–Okt. So–Fr 10–17.30, Nov.–März Do, Sa 14–17 Uhr | Eintritt 2,50 Euro, Kinder 1,20 Euro | Hafenstr. 23 | Wyk | Tel. 04681 4290 | www.npz-foehr.nationalparkservice.de*

www.wattenmeerfahrten.de | Fahrt (4,5–5,5 Std.) 19 Euro, Kinder (6–14 J.) 10 Euro | ab Alte Mole | Hafen | Wyk

FREIZEITHELFER-LADEN ●
(119 E5) (*C4*)
Dieser „Laden" hat für Groß und Klein jede Menge Spaß im Angebot: von der Gutenachtgeschichte über Wattführungen bis zu den Kinder-Piratentagen (Ende Juli). Teilnahme kostenlos oder gegen einen geringen Beitrag möglich. Preise und Termine im Föhrer Veranstaltungskalender. *Sandwall 38 | Wyk | Tel. 04681 50349 | www.freizeithelfer-wyk.de*

KINDER-UNI
„Erobern Aliens das Watt?", „Wie sieht ein altes Segelboot von innen aus?", „Wi snaake Fering!" – das sind nur einige der Themen: Im Juli und August halten Professoren und Wissenschaftler spannende Vorlesungen für Kids von 5 bis 14 Jahren, außerdem gibt es aufregende Expeditio-

AMRUM

AUSFLUGSFAHRTEN (121 E5) (*B5*)
Drei- bis fünfmal pro Woche sticht die „Eilun" in See, um u. a. den Seehundsbänken einen Besuch abzustatten oder auf Krabbenfang zu gehen. Bei allen Fahrten haben Kids die Möglichkeit, bei Kapitän Bandix Tadsen das „Steuermannspatent" zu machen. *Termine in „Amrum aktuell" | Fahrt 14–18 Euro, Kinder 7–9 Euro | ab Fähranleger | Wittdün | www.eilun.de*

LOLLYPOP, RÄUBERHÖHLE, SCHATZKISTE
Lollypop in Norddorf am Strand (120 B1) (*A4*), die *Räuberhöhle* in Nebel (121 D3)

MIT KINDERN UNTERWEGS

(📖 B4), die *Schatzkiste* im Amrum-Badeland (121 D5) (📖 B5) – in den Veranstaltungsräumen der Amrum Touristik werden Kinder ab 3 Jahren regelmäßig professionell betreut und basteln z. B. Tiermasken oder besuchen die Zirkusschule. Alle Veranstaltungen in „Amrum aktuell".

SOCCER ACADEMY (121 E5) (📖 B5)
Training, Taktik und ein Turnier zum Abschluss: Viertägiges Fußballcamp unter Anleitung von Ex-Bundesligaprofis wie Thomas Seeliger mit allem Drum und Dran (Sportkleidung, Mittagessen etc.) auf den Anlagen des TSV Amrum. *Tgl. 10–16 Uhr | 119–169 Euro | Infos u. Anmeldung unter www.socceracademy.de*

NORDSTRAND

Es gibt viele Angebote der Kurverwaltung: Kinderwattwanderungen, Reiten, Skaten und Spiel- und Bastelnachmittage. Termine im Veranstaltungskalender.

PELLWORM

In der *Pellwormer Kinnerstuv (April–Okt. Di, Do 15–18 Uhr | 2 Euro/Std. | Wattenmeerhaus, s. S. 78)* können Kinder von 3 bis 12 Jahren drinnen und draußen spielen, basteln und feiern. Mehr Infos in „Pellworm heute". Dort finden Sie auch größere Veranstaltungen wie das Piratenfest, Kutterfahrten, kindgerechte Watt- oder Fackelwanderungen am Deich.

FREIZEITANLAGE KAYDEICH (122 B5) (📖 D7)
Zu dieser Anlage gehören u. a. auch die *Multi-Sport-Arena (tgl. 10–17 Uhr)* mit Basketball, Tischtennis, Streetball, Inlineskating und -hockey, ein Abenteuerspielplatz und ein Minigolfplatz.

HALLIGEN

AUSFLUGSFAHRTEN (122 A3) (📖 C4)
Kapitän Uwe Petersen fährt mit der „Rungholt" zu den Seehundsbänken oder geht mit seinen Gästen auf Seetierfang: Mit dem Muschelsuchnetz fängt er Muscheln, Schnecken, Garnelen, Strandkrabben und Seesterne und erklärt sie den Passagieren, bevor die Tiere wieder ins Meer gesetzt werden. *Termine und Anmeldung bei den Tourismusbüros oder bei Kapitän Uwe Petersen | Fahrt 14–19 Euro, Jugendliche (12–15 J.) 11–12 Euro, Kinder (4–11 J.) 7–8 Euro | Tel. 04667 367 | www.halligmeerfahrten.de*

Nachwuchs in der Kegelrobbenkolonie auf Jungnamensand, einer Sandbank westlich von Amrum

EVENTS, FESTE & MEHR

Es gibt zwei Arten von Festen: die einen sind alter Brauch wie z. B. die Ringreiterturniere, bei denen die Insulaner meist und am liebsten unter sich sind. Die anderen wurden vor allem für Touristen ins Leben gerufen: die sommerlichen Dorf- und Hafenfeste, Kunsthandwerkermärkte und Strandfeten. Veranstaltungsprogramme mit den Terminen gibt es bei den Kurverwaltungen.

FESTE & VERANSTALTUNGEN

1. JANUAR
Beim ▶ *Neujahrsschwimmen* in Wyk tauchen Hartgesottene in die kalte Nordsee, während die Zuschauer Punsch trinken. *Strand vor dem Aquaföhr*

21. FEBRUAR
▶ ★ ● *Biike-Brennen:* uralter friesischer Brauch. Von Nordstrand bis Amrum wird der Winter mit Feuern ausgetrieben. Dörfer wetteifern um die größte Biike (Leuchtfeuer). Danach zünftiges Grünkohlessen mit geistigen Getränken.

APRIL/MAI
▶ ★ ● *Ringelganstage auf den Halligen und Pellworm:* Zehntausende Ringelgänse rasten jedes Jahr auf den Salzwiesen der Halligen. Gäste können sie beobachten – an Land, im Watt oder vom Wasser aus (einen Monat). *www.ringelganstage.de*

MAI
Während der ▶ *Nordfriesischen Lammtage* (Anfang Mai bis Ende Juli) werden auf allen Inseln öffentlich Schafe geschoren und spezielle Lammgerichte angeboten. *www.lammtage.de*

▶ ● *Föhrer Literatursommer:* Lesungen und Programme rund ums Buch an verschiedenen Orten (bis Anfang Okt.)

JUNI
▶ *Sonnwendfeier* (21. Juni) auf Amrum mit Strandfeuern, Musik, Trachtengruppen Auf den Inseln Beginn der ▶ *Ringreiterturniere* (bis Sept.), in deren Rahmen es auch Kinderringreiten und „Probierreiten" für Urlauber gibt.

● Namhafte Organisten spielen auf der Arp-Schnitger-Orgel in der Alten Kirche auf Pellworm. *Mitte Juni–Mitte Sept. mittwochsabends*

JULI/AUGUST
▶ *Hooger Schleusenfest* mit der inoffiziellen deutschen Meisterschaft im Optimistensegeln (ein Tag)

Ringreiten und Ringelganstage: Jahrhundertealte Bräuche und Feste wechseln sich mit besonderen Events für die Inselgäste ab

▶ *Pellwormer Hafenfest* mit Buden und Musik (ein Tag)
▶ ⭐ *Konzerte des Schleswig-Holstein Musik Festivals* finden auch in den Föhrer Kirchen St. Johannis und St. Nicolai statt. www.shmf.de

AUGUST

Das für Naturschützer grenzwertige Feuerwerksspektakel ▶ *Föhr on Fire* setzt den Himmel überm Wattenmeer in Brand – im Rahmen des zweitägigen ▶ *Wyker Hafenfests* mit über 60 Ständen auf dem Hafenmarkt, Biergarten, Straßenkünstlern, Karussell und Livemusik. Eintägiges ▶ *Molenfest* des Amrumer Segel- und Regattavereins in Steenodde mit Musik und Papierbootregatta

SEPTEMBER

▶ *Kurs Föhr:* Alte Segelschiffe, historisches Handwerk, Shantykonzerte, Vorträge und Lesungen – acht Tage dreht sich in Wyk alles um die Seefahrt. www.kursfoehr.de

OKTOBER

Seit 1710 gibt es in Wyk den ▶ *Jahrmarkt* – von allen Inseln und vom Festland kommen Besucher, um vier Tage lang die Gründung des Hafens zu feiern.

DEZEMBER

Am Nikolaustag beginnt ein zweitägiger, sehr stimmungsvoller ▶ INSIDER TIPP *Weihnachtsmarkt* im Wyker Friesenmuseum.

SILVESTER

▶ INSIDER TIPP *Ütj to Kenknen:* Verkleidete Kinder und Erwachsene (auf Föhr Kenkner genannt) ziehen von Haus zu Haus, wünschen mit witzigen Liedern oder anderen Darbietungen ein gutes neues Jahr und werden dafür mit Süßigkeiten bzw. einem Schnaps belohnt.
Bei der ▶ *Silvesterparty* in Wyk liegt die Insel schräg im Wasser, so viele Gäste tummeln sich um Hafen und Sandwall beim Feuerwerk, das auf der restlichen Insel verboten ist.

LINKS, BLOGS, APPS & MORE

LINKS

▶ www.wattenloepers.de Bei De Wattenlöpers handelt es sich um den „Fachverband der Wattführerinnen und Wattführer im Nationalpark Schleswig-Holsteinisches Wattenmeer", der eine informative Seite betreibt – mit einer Karte, auf der alle Orte eingezeichnet sind, von denen aus Wattführungen starten

▶ www.wattenmeer-weltnaturerbe.de Umfassende Informationen über den weltweit einzigartigen Lebensraum Wattenmeer in seiner ganzen Vielfalt – aktuelle Nachrichten aus Holland, Deutschland und Dänemark inklusive

▶ www.robbenzentrum-foehr.de Die Seite veranschaulicht das Engagement von Janine Bahr und André van Gemmert: Ihre Rehabilitationsstation für Seehund und Kegelrobbe liegt unübersehbar hinterm Wyker Hafen (Achtern Diek 5)

▶ www.marcopolo.de/amrum_foehr Alles auf einen Blick zu Ihrem Reiseziel: Interaktive Karten inklusive Planungsfunktion, Impressionen aus der Community, aktuelle News und Angebote …

▶ www.amrum-news.de Die Online-Zeitung der Insel berichtet zwar nicht immer topaktuell, aber für die Amrumer und ihre Gäste, für die die Zeit ohnehin etwas langsamer läuft, ist sie genau das Richtige

BLOGS & FOREN

▶ halligblog.wordpress.com Unter der Überschrift „Warftworte" bloggen sechs Autor(inn)en kenntnisreich und kritisch zu „Haupt- und Nebensächlichkeiten von den Nordfriesischen Inseln"

▶ www.kuestenforum.de Teilweise topaktuelle Beiträge, die sich auch auf die Nordfriesischen Inseln beziehen

▶ blog.findlingamrum.de Christiane Junge betreibt in Norddorf auf Amrum einen niedlichen Laden mit Wohnaccessoires und nebenbei diesen zauberhaften Blog mit vielen Bildern von ihrer Insel

Egal, ob für Ihre Reisevorbereitung oder vor Ort: Diese Adressen bereichern Ihren Urlaub. Da manche sehr lang sind, führt Sie der short.travel-Code direkt auf die beschriebenen Websites. Falls bei der Eingabe der Codes eine Fehlermeldung erscheint, könnte das an Ihren Einstellungen zum anonymen Surfen liegen

VIDEOS & STREAMS

▶ www.elmeere.de Unter dem Menüpunkt „Media" finden sich Standbilder von drei Webcams, vor allem aber vier Filme von fünf bis neun Minuten Länge, die über den Naturschutzverein Elmeere berichten und zudem viele Schönheiten der Insel Föhr zeigen

▶ short.travel/foe2 Kurze, aber trotzdem sehr animierende 1:41 Minuten über einen Winterurlaub auf Pellworm bei Eis und Schnee

▶ short.travel/foe1 Im Dezember 2013 fegte Sturmtief „Xaver" über den Norden Deutschlands und bescherte der Nordseeküste drei Sturmfluten in Folge – wie die Hooger dieses „Ausnahme-Landunter" erlebten, zeigt die Reportage des NDR

▶ short.travel/foe3 Wenn Sie wissen wollen, wie viele Organisationen sich um den Schutz des Wattenmeers bemühen – hier erfahren Sie es in knapp zwei Minuten. Dazu schöne Bilder von einer Wattwanderung zur Hallig Gröde

APPS

▶ City2Click Die Gratis-Smartphone-App ermöglicht Föhr-Besuchern, die Infos zu Sehenswürdigkeiten etc. abzufragen

▶ Hundestrände An welche Strände darf man seinen Hund mitnehmen? Diese App verrät es – für Nord- und Ostseeküste

▶ iSeeWetter Pro Kostenpflichtige App für topaktuelle Infos: Seewetterbericht, Küstenwetterbericht, Stationsmeldungen, Windvorhersage und vieles mehr für Nord- und Ostsee

NETWORK

▶ short.travel/foe4 Wer mag, kann sich hier seinen eigenen Reiseführer beispielsweise zu Föhr zusammenstellen. Dazu werden professionelle, aber auch nutzergenerierte Inhalte und Infos zur Verfügung gestellt

▶ www.geo.de/reisen/community Inselname eingeben – und die Reisecommunity des Magazins „Geo" liefert Berichte, Unterkunftstipps und viele Bilder

▶ short.travel/foe6 Die besten Pensionen, Sehenswürdigkeiten, Hotels und Restaurants auf Föhr – laut Einschätzung der registrierten Nutzer

Für den Inhalt der auf diesen Seiten genannten Adressen übernimmt der Verlag keine Verantwortung

PRAKTISCHE HINWEISE

ANREISE

Amrum und Föhr: Ohne umzusteigen erreichen Sie von vielen Orten aus von März bis Oktober und in den Winterferien mit Kurswagen der Deutschen Bahn Dagebüll-Mole. Dort legen die Fähren nach Amrum und Föhr ab. Nordstrand, Pellworm: Mit der Bahn kommen Sie bis Husum. Von dort gibt es mehrmals täglich eine Busverbindung nach Nordstrand. Zwischen Schlüttsiel (Fähre zu den Halligen) und Dagebüll-Mole fährt ein Bus.

Amrum, Föhr, Langeneß, Hooge, Oland: die Autobahn A 23 bis Heide. Dann auf der B 5 über Husum nach Dagebüll. Der letzte Teil der Strecke führt am Deich entlang und durch die Köge.

GRÜN & FAIR REISEN

Auf Reisen können auch Sie mit einfachen Mitteln viel bewirken. Behalten Sie nicht nur die CO_2-Bilanz für Hin- und Rückflug im Hinterkopf *(www.atmosfair.de)*, sondern achten und schützen Sie auch nachhaltig Natur und Kultur im Reiseland *(www.gate-tourismus.de; www.zukunftreisen.de; www.ecotrans.de)*. Gerade als Tourist ist es wichtig, auf Aspekte zu achten wie Naturschutz *(www.nabu.de; www.wwf.de)*, regionale Produkte, Fahrradfahren (statt Autofahren), Wassersparen und vieles mehr. Wenn Sie mehr über ökologischen Tourismus erfahren wollen: europaweit *www.oete.de*; weltweit *www.germanwatch.org*

In Schlüttsiel legt die Fähre nach Hooge, Langeneß und Amrum ab. Von Dagebüll geht es per Fähre nach Föhr und Amrum. Außerdem beginnt hier der private Lorendamm nach Oland. Nach Nordstrand sind es von Husum 11 km.

Kurz vor dem Fähranleger in Dagebüll liegt der *Inselparkplatz* mit 2500 Stellplätzen, dem Parkcenter mit Bistro und Fahrkartenausgabe und kostenlosem Shuttlebus zur Fähre. Reservierung nicht möglich! *1.–7. Tag 7 Euro/24 Std., 8.–14. Tag 6 Euro/24 Std., 15.–30. Tag kostenlos; Garagenplatz zzgl. 2 Euro/Tag | www.inselparkplatz-dagebuell.de*

Ab Dagebüll nach Amrum (90 Min., über Föhr 2 Std.) und Föhr (50 Min.). Ab Schlüttsiel nach Hooge (1 Std. 15 Min.), Langeneß (1 Std. 45 Min.), Amrum (2 Std. 45 Min.). Ab Nordstrand nach Pellworm (35 Min.).

AUSKUNFT

NORDSEE-TOURISMUS-SERVICE GMBH
Gastgeberverzeichnisse, Fahrpläne, Kontaktadressen. *Zingel 5 | 25813 Husum | Tel. 04841 8 97 50 | www.nordseetourismus.de*
Hervorragende Auskunft auch vor der Reise bieten die von den Tourismusinformationen der einzelnen Inseln *(Adressen und Website s. dort)* herausgegebenen Broschüren (zum Teil mit CD).

GELD

Auf den Inseln sind die Banken zu den üblichen Zeiten geöffnet. Amrum und Föhr sind recht gut ausgestattet mit Geldauto-

Von Anreise bis Wetter

Urlaub von Anfang bis Ende: die wichtigsten Adressen und Informationen für Ihre Inselreise

maten. Pellworm und Nordstrand haben jeweils zwei Geldautomaten. Auf Hooge und Langeneß können Sie während der Banköffnungszeiten am Automaten Bargeld abheben. Auf Gröde gibt es keine Zahlstelle, auf Oland nur eine Poststelle. Dorthin nehmen Sie das Urlaubsgeld am besten mit oder lassen es sich per Post anweisen.

Beachten sollten Sie, dass in den meisten Restaurants und Geschäften bar zu bezahlen ist. Die EC-Karte wird gerade in Restaurants nicht überall akzeptiert; Kreditkarten meist nirgendwo.

FÄHRVERBINDUNGEN

Die Wyker Dampfschiffs-Reederei, Föhr-Amrum GmbH, kurz W.D.R., betreibt folgende Fährlinien: Dagebüll–Föhr–Amrum und Schlüttsiel–Hooge–Langeneß–Amrum. Von Dagebüll nach Föhr und Amrum gibt es im Sommer bis zu 14 bzw. acht Abfahrten täglich, von Schlüttsiel nach Hooge, Langeneß und Amrum täglich zwei.

Hin- und Rückfahrt Dagebüll–Föhr kosten pro Erwachsenem 13,60 Euro, nach Amrum 19,30 Euro. PKWs werden nach Länge abgerechnet (so kostet z. B. ein VW Golf nach Föhr und zurück ca. 92 Euro, nach Amrum ca. 107 Euro). Wenn Sie eine Rundreise machen oder einen Zwischenstopp einlegen möchten, wird es billiger, wenn Sie das vor Reiseantritt so buchen. *W.D.R. (Wyker Dampfschiffs-Reederei) | Am Fähranleger 1 | Wyk | KFZ-Buchungen vorzugsweise online unter www.faehre.de oder unter Tel. 04667 940 30 (tgl. 8–18 Uhr)*

Die Neue Pellwormer Dampfschiffahrts-GmbH betreibt den Liniendienst zwischen dem Hafen Strucklahnungshörn auf Nordstrand und Pellworm, im Sommer mit je fünf bis sechs Abfahrten täglich. Die Überfahrt kostet für Hin- und Rückfahrt pro Person 11 Euro, für einen PKW von 4240 mm Länge (VW Golf) 80 Euro. Der Personenfahrpreis schließt den Bustransfer auf Pellworm vom Hafen zum Kurzentrum und zurück ein. *Neue Pellwormer Dampfschifffahrts-GmbH | Am Tiefwasseranleger 1 | Pellworm | Tel. 04844 7 53 | KFZ-Buchungen online unter www.faehre-pellworm.de oder unter der o. g. Nummer*

KFZ-Plätze auf den Fährschiffen sind im Sommer, zum Jahreswechsel und in den Ferienzeiten oft ausgebucht. Sie sollten in jedem Fall rechtzeitig reservieren.

Bei schwerem Sturm oder vereistem Wattenmeer verkehren die Fähren nicht. Und manchmal bleiben sie bei starkem

WAS KOSTET WIE VIEL?

Kaffee	2–2,50 Euro für eine Tasse
Kuchen	2,50–3 Euro für ein Stück Friesentorte
Fahrrad	5–7 Euro Miete pro Tag
Imbiss	4–5 Euro für ein Krabbenbrötchen
Strandkorb	8 Euro Miete pro Tag auf Föhr
Souvenir	3–4 Euro für ein Stück Schafsmilchseife

Ostwind und Niedrigwasser im Wattenmeer stecken, bis auflaufendes Wasser sie wieder flottmacht. Bei „Land unter" werden die Halligen nicht angelaufen.

INTERNETCAFÉS & WLAN

Auf den größeren Inseln gibt es Internetpoints, die gegen Gebühr (*4–6 Euro/Std.*) genutzt werden können, z. B. auf Amrum: *Internetpoint im Handyland | Mo–Fr 9–18, Sa 9–12.30 Uhr | Achtern Strand 2 (neben Hotel Weiße Düne) | Wittdün | Tel. 04682 99 52 94*; *Fl@schenpost | tgl. 9–21 Uhr | Strunwai 13 (beim Hotel Seeblick) | Norddorf*
Föhr: *Internetpoint im Handyland | Mo–Fr 9–12.30 u. 14.30–18, Sa 9–14.30, Juni–Sept. auch So 10–14.30 Uhr | Königstr. 2 | Wyk | Tel. 04681 74 77 08*; *Henja's Compi Service | Mo–Fr 9.30–12 u. 14.30–18.30, Sa 9.30–13 Uhr | Kertelheinallee 7 | Nieblum | Tel. 04681 74 86 04*; WLAN-Hotspots am Wyker Sandwall und am Utersumer Strand.
Nordstrand: im *Leseraum des Schwimmbads (s. S. 73)*
Pellworm: in etlichen Cafés und Restaurants und in der *Touristinformation (Uthlandestr. 2)*

KLEIDUNG

Auch in den Sommerurlaub sollten Sie Regenjacke und Pullover oder Strickjacke mitnehmen – ein Schauer kommt so

WETTER AUF FÖHR

	Jan.	Feb.	März	April	Mai	Juni	Juli	Aug.	Sept.	Okt.	Nov.	Dez.
Tagestemperaturen in °C	3	3	5	9	14	17	19	19	16	12	8	5
Nachttemperaturen in °C	−1	−1	1	4	8	12	13	14	12	9	4	1
Sonnenschein Stunden/Tag	2	3	4	6	8	8	7	7	5	3	2	1
Niederschlag Tage/Monat	12	8	10	9	8	9	11	11	13	13	16	13
Wassertemperaturen in °C	4	3	4	6	10	13	16	17	15	13	9	6

PRAKTISCHE HINWEISE

schnell, wie er wieder verschwindet, und bei Wind wird es abends schnell frisch. Ebenso unverzichtbar sind Sonnenbrille, -hut und -creme mit hohem Schutzfaktor.

KLIMA

Das Wetter auf den Inseln ist erheblich besser als sein Ruf. Der nahe Golfstrom sorgt dafür, dass die Temperaturen im Winter höher sind als auf dem Festland. Völlige Windstille ist selten. Deshalb gibt es kaum drückend schwüle Sommertage und selten Dauerregen, aber mehr sonnige Tage als auf dem Festland.
Im Juni, Juli und August ist Badesaison, auch wenn die Nordsee selten mehr als 18 Grad warm wird. Da wo Sandbänke oder Watten liegen, wird das flache Wasser jedoch schneller und stärker erwärmt.

KURABGABE

Mit Gästekarte bekommen Sie fast überall Ermäßigungen; die Preisangaben in diesem Führer gelten alle für Gästekarteninhaber. Wer auf den Inseln nächtigt, zahlt die Abgabe ohnehin mit der Unterkunft und bekommt die Karte vom Gastgeber. Die Abgabe schwankt je nach Gemeinde und Saison und beträgt maximal 2,60 Euro pro Tag und Person, mitreisende Kinder bis 18 Jahre frei.

ÖFFNUNGSZEITEN

In vielen Restaurants sind Essens- und Öffnungszeiten nicht identisch: Die Küchenzeiten liegen mittags maximal zwischen 11.30 und 14 Uhr, abends maximal zwischen 17 und 22 Uhr, nur wenige Lokale bieten durchgehend warme Küche an. Das gilt für alle Inseln, auf Föhr ist die Situation etwas besser. Die in diesem Band angegebenen Ruhetage beziehen sich meist auf Vor- und Nachsaison – zwischen Mitte Juni und Mitte Sept. ist fast überall jeden Tag Betrieb. Oftmals öffnen sonst geschlossene Restaurants und Geschäfte vom (ca.) 20. Dez. bis 6. Jan. und zur Biike.
Viele Geschäfte haben in der Hochsaison auch samstagnachmittags und sonntags geöffnet. Außerhalb der Saison sind viele Geschäfte mittwochnachmittags oder montags geschlossen.

SCHIFFSAUSFLÜGE

Neben den auf S. 101–103 aufgeführten Schiffsfahrten gibt es noch eine Reihe anderer Anbieter, die Krabbenfangfahrten & Co, Ausflüge zu den Seehundsbänken, auf die Halligen und zu den Inseln anbieten: die Schiffe der Adler-Reederei (www.adler-schiffe.de) legen in Strucklahnungshörn (Nordstrand) ab, in Pellworm starten die „Nordfriesland" und die „Gebrüder", der historische ● Ewer „Ronja" (www.pfahlewer.de) und die „Hauke Haien" (www.wattenmeerfahrten.de) fahren u.a. ab Wyk, die „Seeadler" (www.seeadler-hooge.de) ab Hooge.

WATTWANDERUNGEN

Wanderungen auf dem Meeresboden sollten Sie grundsätzlich nie allein unternehmen; am besten schließen Sie sich einer geführten Tour an, bei der Sie auch Wissenswertes über das Ökosystem Watt erfahren. www.schutzstation-wattenmeer.de, www.wattenmeer-nationalpark.de
Denken Sie an windabweisende, ggf. auch warme Sachen, Kopfbedeckung und Sonnenbrille, bei empfindlichen Füßen an alte Strümpfe, ansonsten wird barfuß gewandert. Etwas zu trinken und ggf. eine zweite Hose bzw. Shorts wegen des Spritzwassers sind auch zu empfehlen. Hinweise auf einzelne Wanderungen finden Sie in den Regionenkapiteln.

EIGENE NOTIZEN

MARCO 🌐 POLO

Unser Urlaub

Web • Apps • eBooks

Die smarte Art zu reisen

Jetzt informieren unter:

www.marcopolo.de/digital

Individuelle Reiseplanung,
interaktive Karten, Insider-Tipps.
Immer, überall, aktuell.

REISEATLAS

Die grüne Linie ▬▬ zeichnet den Verlauf der Ausflüge & Touren nach
Die blaue Linie ▬▬ zeichnet den Verlauf der Perfekten Route nach

Der Gesamtverlauf aller Touren ist auch in der herausnehmbaren Faltkarte eingetragen

Bild: St.-Salvator-Kirche auf Pellworm

Unterwegs auf Föhr und Amrum

Die Seiteneinteilung für den Reiseatlas finden Sie auf dem hinteren Umschlag dieses Reiseführers

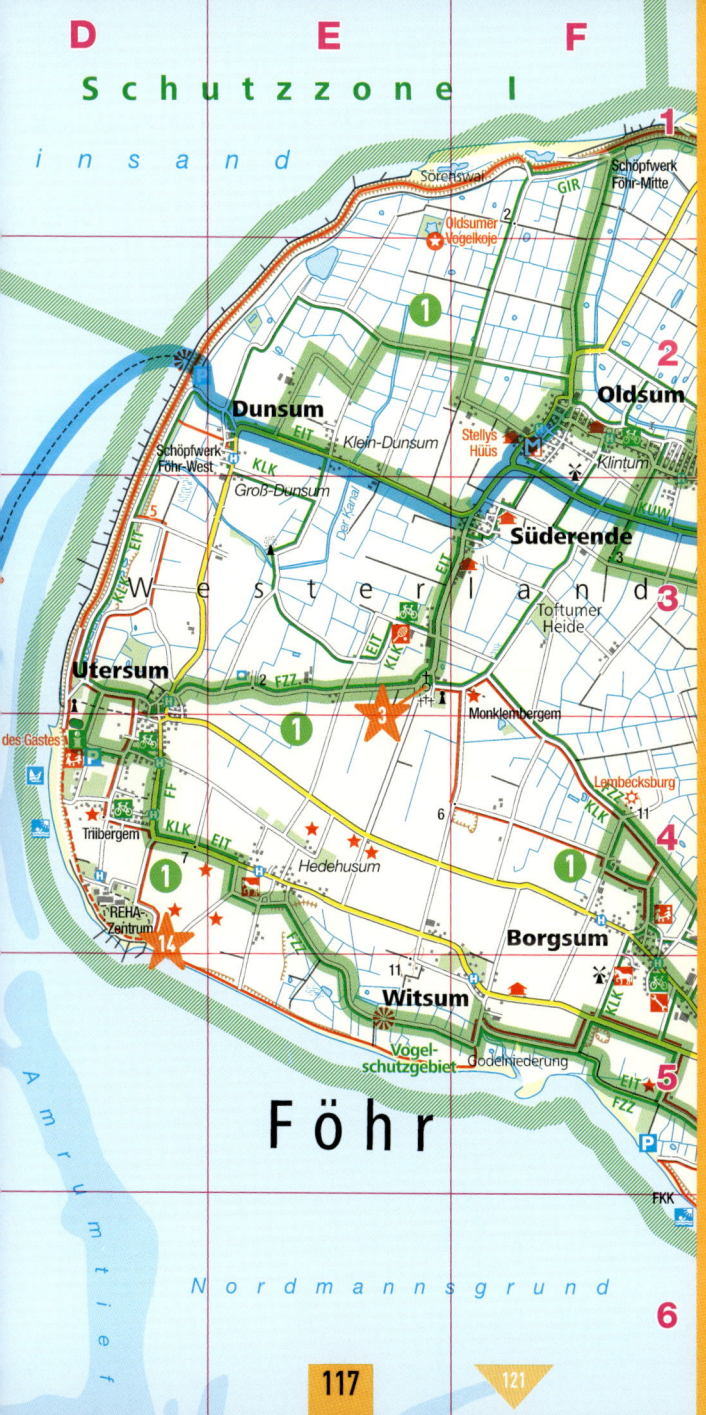

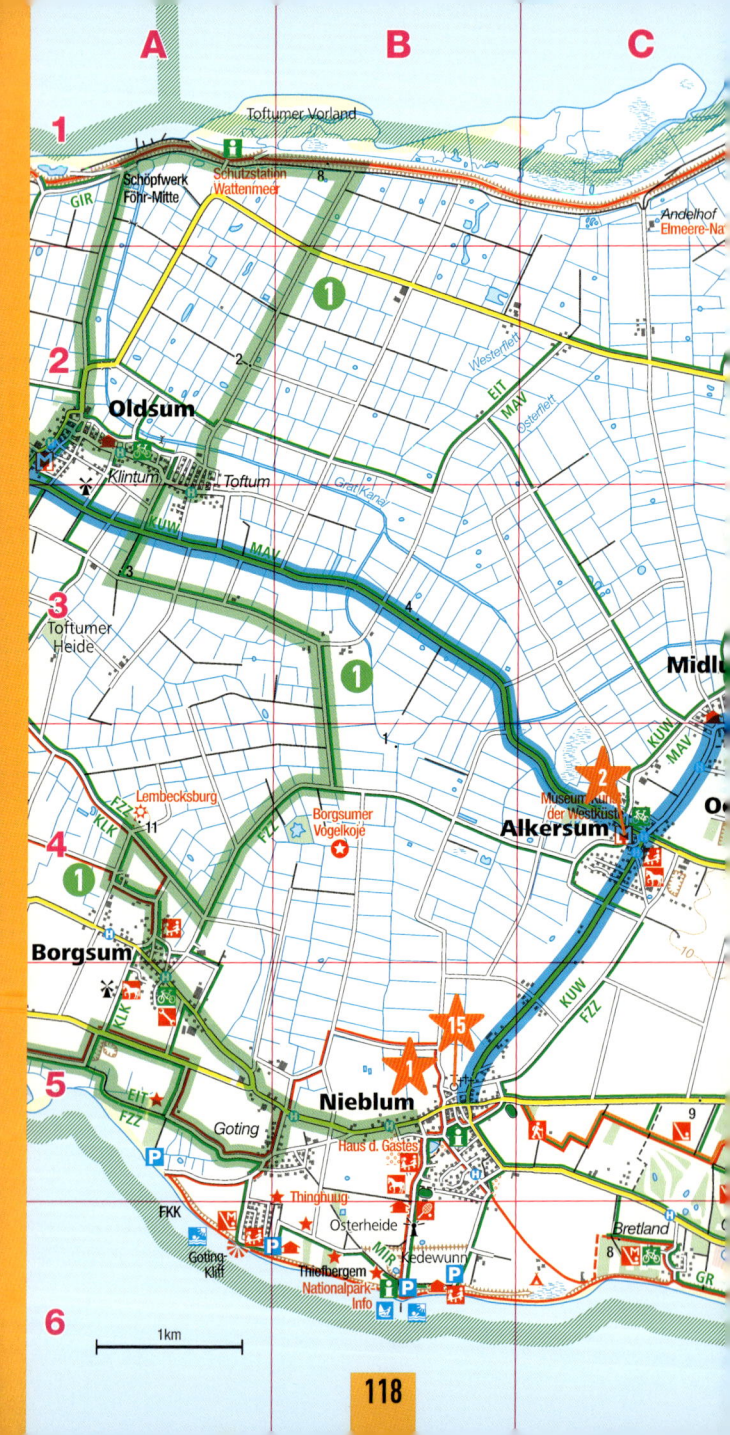

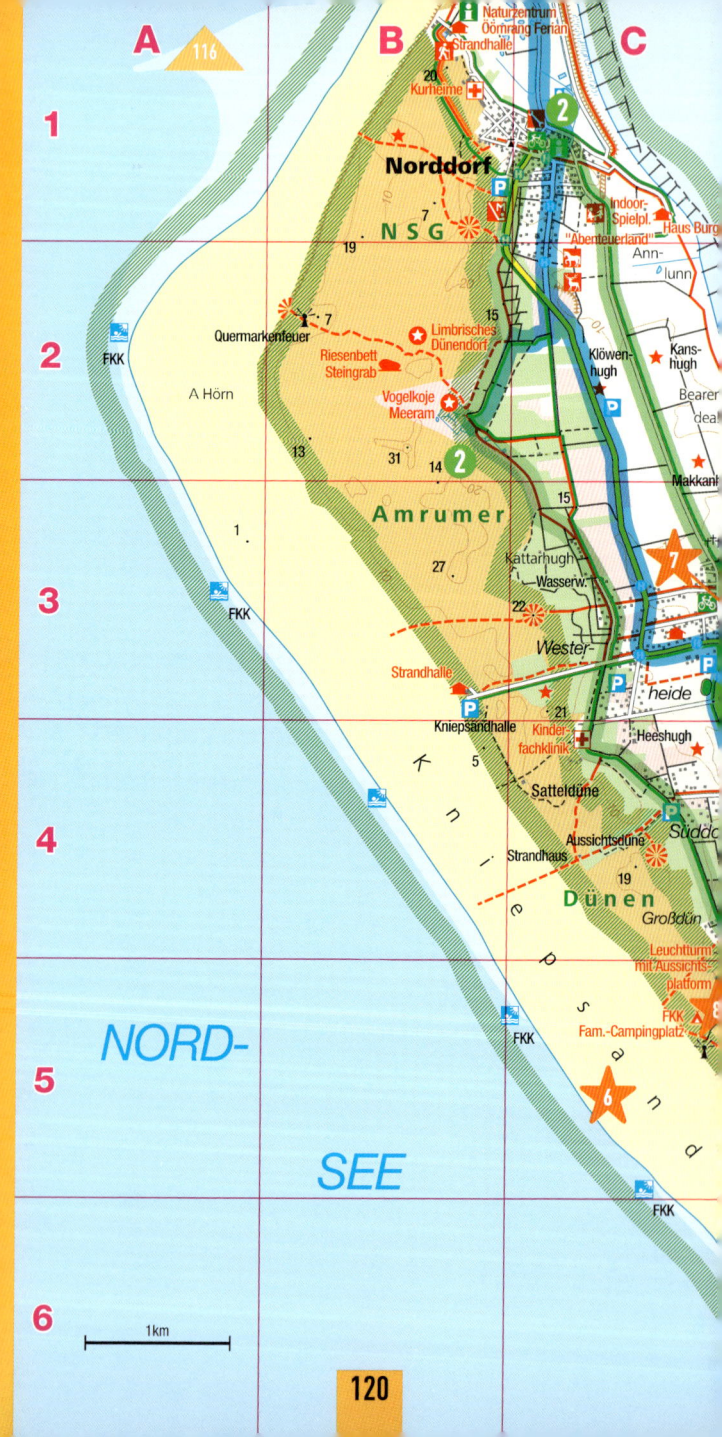

KARTENLEGENDE

Nebenstraße, schmale Nebenstraße
  Strada secondaria, strada secondaria stretta
  Secondary road, narrow secondary road
  Route secondaire, route secondaire étroite

Fahrweg, Forstweg/ Güterweg (teilweise für Kfz gesperrt)
  Strada praticabile, forestale (tratto chiuso al traffico)
  Road, forest road/ farm road (partially closed for automobiles)
  Chemin carrossable, chemin forestier/ chemin (en partie fermé pour automobile)

Karrenweg
  Mulattiera (carrareccia)
  Cart track
  Chemin muletier

Fußweg, Steig
  Sentiero, traccia di sentiero
  Footpath, steep path
  Chemin pédestre, sentier

Tennisplatz, Reitstall
  Campo da tennis, Scuderia
  Tennis-court, Stable
  Court de tennis, Réserve à gibier

Golf, Minigolf
  Golf, mini-golf
  Golf, miniature-golf
  Golf, golf miniature

Kinderspielplatz, Fahrradreparatur
  Parco giochi, riparazioni bicicletta
  Playground, bike repair shop
  Terrain de jeux pour enfants, atelier de réparation de vélos

Findling
  Masso erratico
  Boulder
  Bloc erratique

Themenweg/ Lehrpfad
  Sentiero didattico/ sentiero naturalistico
  Thematic trail/ nature trail
  Sentier à thèmes/ sentier instructif

Radroute
  Itinerario ciclabile
  Bicycle route
  Itinéraire cycliste

Wanderweg (meist markiert und beschildert)
  Sentieri (parzialmente segnati, segnaletica)
  Hiking trail (generally marked and with signs)
  Sentier de randonnée (généralment balisé)

Windmühle, Windkraftanlage
  Mulino, impianto eolico
  Windmill, wind turbine
  Moulin à vent, éolienne

Höhenlinien, Äquidistanz 10m
  Curve di livello, equidistanza 10m
  Contour lines, equidistance 10m
  Courbes de niveau, équidistance 10m

Damm, natürliche Böschung
  Terrapieno, scarpata naturale
  Dam, slope
  Barrage, pente naturelle

Watt, Moor
  bassofondo, palude
  Tideland, swamp
  Lais, marécage

Wald, Sand/ Sandbank
  Bosco, Rena/ barra
  Forest, sand/ shelf
  Forêt, Sable/ banc de sable

Düne, Heide
  Duna, Brughiera
  Dune, Heathland
  Dune, Bruyère

Naturschutzgebiet/ Landschaftsschutzgebiet/ Ruhegebiet
  Area protetta/ zona di tutela paesaggistica/ zona di tranquillità
  Wildlife reserve/ landscape conservation area
  Réserve naturelle/ zone protégée

Nationalpark, Naturpark
  Parco nazionale, parco naturale
  National park, natural preserve
  Réserve naturelle, parc naturel

Schifffahrtslinie
  Linea di navigazione
  Shipping route
  Ligne de navigation

Hafen, Schiffsanlegestelle
  Porto, approdo
  Haven, ship landin
  Port, débarcadère

Parkplatz, Bushaltestelle
  Parcheggio, Fermata autobus
  Parking, Bus stop
  Parking, Arrêt d'autobus

Flugplatz
  Campo d'aviazione
  Aerodrome
  Aérodromea

Personenfähre, Autofähre
  Traghetto pass, traghetto auto
  Passenger ferry, car ferry
  Bac pour automobiles, bac pour personnes

Hallenbad, Freibad/ Badesee
  Piscina coperta, lido/ lago balneabile
  Indoor swimming pool, outdoor swimming pool/ lake swimming
  Piscine couverte, piscine en plein air/ lac

Windsurfen, Sportplatz
  Campo sportivo, surf
  Sports ground, surfing
  Terrain de sport, planche à voile

Information, Hotel, Gasthof, Restaurant
  Informazioni, Hotel, Albergo, trattoria, ristorante
  Information, Hotel, inn, restaurant
  Information, Hôtel, auberge, restaurant

Jugendherberge, Campingplatz
  Ostello della gioventù, campeggio
  Youth hostel, camping ground
  Auberge de jeunesse, terrain de camping

Museum, Sehenswürdigkeit
  Museo, attrazione
  Museum, point of interest
  Musée, curiosité

Schöner Ausblick, Rundblick
  Punto panoramico, panorama
  Scenic view, panorama
  Point de vue remarquable, panorama

Kirche, Kapelle, Krankenhaus/ Notarztstation
  Chiesa, Cappella, Ospedale/ posto di pronto soccorso
  Church, Chapel, Hospital/ emergency medical physician
  Eglise, Chapelle, Hôpital/ poste de médecin d'urgence

Burg/ Schloss, Ruine, Denkmal
  Castello, ruderi, monumento
  Castle/ palace, ruin, monument
  Château fort/ palais, ruine, monument

Grabhügel, Schanze/ Ringwall
  Tumulo, trincea/ fossato, vallo
  Burial mound, entrenchment/ ring wall
  Tumulus, fortification/ enceinte

Wasserbehälter, Kläranlage
  Serbatoio d'acqua, impianto di depurazione
  Water reservoir, clarification plant
  Réservoir d'eau, station d'épuration

Friedhof, Sender, Leuchtturm
  Cimitero, trasmettitore, faro
  Cemetery, radio antenna, lighthouse
  Cimetière, station de radio ou émetteur de télévision, phare

Ausflüge & Touren
  Gite & escursioni
  Trips & Tours
  Excursions & tours

Perfekte Route
  Itinerario perfetto
  Perfect route
  Itinéraire idéal

MARCO POLO Highlight

FÜR IHRE NÄCHSTE REISE ...

ALLE **MARCO POLO** REISEFÜHRER

DEUTSCHLAND

Allgäu
Bayerischer Wald
Berlin
Bodensee
Chiemgau/
 Berchtesgadener
 Land
Dresden/
 Sächsische
 Schweiz
Düsseldorf
Eifel
Erzgebirge/
 Vogtland
Föhr/Amrum
Franken
Frankfurt
Hamburg
Harz
Heidelberg
Köln
Lausitz/
 Spreewald/
 Zittauer Gebirge
Leipzig
Lüneburger Heide/
 Wendland
Mecklenburgische
 Seenplatte
Mosel
München
Nordseeküste
 Schleswig-
 Holstein
Oberbayern
Ostfriesische Inseln
Ostfriesland/
 Nordseeküste
 Niedersachsen/
 Helgoland
Ostseeküste
 Mecklenburg-
 Vorpommern
Ostseeküste
 Schleswig-
 Holstein
Pfalz
Potsdam
Rheingau/
 Wiesbaden
Rügen/Hiddensee/
 Stralsund
Ruhrgebiet
Sauerland
Schwarzwald
Stuttgart
Sylt
Thüringen
Usedom
Weimar

ÖSTERREICH SCHWEIZ

Berner Oberland/
 Bern
Kärnten
Österreich
Salzburger Land
Schweiz
Steiermark
Tessin
Tirol
Wien
Zürich

FRANKREICH

Bretagne
Burgund
Côte d'Azur/
 Monaco
Elsass
Frankreich
Französische
 Atlantikküste
Korsika
Languedoc-
 Roussillon
Loire-Tal
Nizza/Antibes/
 Cannes/Monaco
Normandie
Paris
Provence

ITALIEN MALTA

Apulien
Dolomiten
Elba/Toskanischer
 Archipel
Emilia-Romagna
Florenz
Gardasee
Golf von Neapel
Ischia
Italien
Italienische Adria
Italien Nord
Italien Süd
Kalabrien
Ligurien/Cinque
 Terre
Mailand/
 Lombardei
Malta/Gozo
Oberital. Seen
Piemont/Turin
Rom
Sardinien
Sizilien/Liparische
 Inseln
Südtirol
Toskana
Umbrien
Venedig
Venetien/Friaul

SPANIEN PORTUGAL

Algarve
Andalusien
Barcelona
Baskenland/
 Bilbao
Costa Blanca
Costa Brava
Costa del Sol/
 Granada
Fuerteventura
Gran Canaria
Ibiza/Formentera
Jakobsweg/
 Spanien
La Gomera/
 El Hierro
Lanzarote
La Palma
Lissabon
Madeira
Madrid
Mallorca
Menorca
Portugal
Spanien
Teneriffa

NORDEUROPA

Bornholm
Dänemark
Finnland
Island
Kopenhagen
Norwegen
Oslo
Schweden
Stockholm
Südschweden

WESTEUROPA BENELUX

Amsterdam
Brüssel
Cornwall und
 Südengland
Dublin
Edinburgh
England
Flandern
Irland
Kanalinseln
London
Luxemburg
Niederlande
Niederländische
 Küste
Schottland

OSTEUROPA

Baltikum
Budapest
Danzig
Krakau
Masurische Seen
Moskau
Plattensee
Polen
Polnische
 Ostseeküste/
 Danzig
Prag
Slowakei
St. Petersburg
Tallinn
Tschechien
Ukraine
Ungarn
Warschau

SÜDOSTEUROPA

Bulgarien
Bulgarische
 Schwarzmeer-
 küste
Kroatische Küste/
 Dalmatien
Kroatische Küste/
 Istrien/Kvarner
Montenegro
Rumänien
Slowenien

GRIECHENLAND TÜRKEI ZYPERN

Athen
Chalkidiki/
 Thessaloniki
Griechenland
 Festland
Griechische Inseln/
 Ägäis
Istanbul
Korfu
Kos
Kreta
Peloponnes
Rhodos
Samos
Santorin
Türkei
Türkische Südküste
Türkische Westküste
Zákinthos/Itháki/
 Kefalloniá/Léfkas
Zypern

NORDAMERIKA

Alaska
Chicago und
 die Großen Seen
Florida
Hawai`i
Kalifornien
Kanada
Kanada Ost
Kanada West
Las Vegas
Los Angeles
New York
San Francisco
USA
USA Ost
USA Südstaaten/
 New Orleans
USA Südwest
USA West
Washington D.C.

MITTEL- UND SÜDAMERIKA

Argentinien
Brasilien
Chile
Costa Rica
Dominikanische
 Republik
Jamaika
Karibik/
 Große Antillen
Karibik/
 Kleine Antillen
Kuba
Mexiko
Peru/Bolivien
Venezuela
Yucatán

AFRIKA UND VORDERER ORIENT

Ägypten
Djerba/
 Südtunesien
Dubai
Israel
Jordanien
Kapstadt/
 Wine Lands/
 Garden Route
Kapverdische
 Inseln
Kenia
Marokko
Namibia
Rotes Meer/Sinai
Südafrika
Tansania/
 Sansibar
Tunesien
Vereinigte
 Arabische
 Emirate

ASIEN

Bali/Lombok/Gilis
Bangkok
China
Hongkong/Macau
Indien
Indien/Der Süden
Japan
Kambodscha
Ko Samui/
 Ko Phangan
Krabi/Ko Phi Phi/
 Ko Lanta
Malaysia
Nepal
Peking
Philippinen
Phuket
Shanghai
Singapur
Sri Lanka
Thailand
Tokio
Vietnam

INDISCHER OZEAN UND PAZIFIK

Australien
Malediven
Mauritius
Neuseeland
Seychellen

Viele MARCO POLO Reiseführer gibt es auch als eBook – und es kommen ständig neue dazu!
Checken Sie das aktuelle Angebot einfach auf: www.marcopolo.de/e-books

REGISTER

In diesem Register sind alle im Reiseführer erwähnten Inseln, Halligen, Orte und Ausflugsziele verzeichnet, außerdem einige zusätzliche Stichworte. Gefettete Seitenzahlen verweisen auf den Haupteintrag.

AMRUM 11, 12, 13, 14, 15, 17, 18, 19, 20, 23, 27, 29, 31, 32, 33, 36, 39, 43, 45, 49, **54**, 76, 78, 87, 90, 93, 94, 98, 99, 102, 104, 106, 108, 109
Abenteuerland, Norddorf 100
Abenteuertour Japsand 102
Amrum-Badeland, Wittdün 58, **66**, 103
Amrumer Museum, Nebel 59
Dünenlehrpfad, Norddorf 93
Insel-Paul 57
Jungnamensand 62
Kniepsand 16, 31, **54**, 55, 57, 66, 93, 100
Krümmwal 56
Leuchtturm, Wittdün 31, **65**, 93
Lollypop, Norddorf 102
Minigolf, Norddorf 63
Mühle, Nebel **59**
Naturzentrum, Norddorf 62
Nebel 31, 43, 56, 57, **58**, 93, 96
Norddorf 17, 30, 55, 56, 57, **62**, 66, 93, 96, 98, 99, 106, 110
Odde (Vogelschutzgebiet) 30, 54, 56, 62, 64
Öömrang Hüs, Nebel 59
Räuberhöhle, Nebel 102
Schatzkiste, Wittdün 103
Seezeichen- und Yachthafen, Wittdün 66, 93
Soccer Academy 103
St. Clemens, Nebel 58, 59, **60**, 93
Steenodde 56, 58, 62, 93, 99, 105
Strandpromenade, Wittdün 65
Süddorf 55, 56, 59
Vogelkoje Meeram 31, **65**, 93
Wald 31, **55**, 93
Westerheide 58, 61, 93
Wittdün 31, 45, 54, 55, 56, 57, 58, **65**, 93, 110
Wriakhörn 66

FÖHR 11, 12, 13, 14, 15, 17, 20, 23, 25, 27, 28, 29, 30, **32**, 54, 76, 78, 94, 98, 99, 100, 101, 104, 105, 107, 108, 109, 110
Alkersum 28, **41**, 48, 99
Aquaföhr, Wyk 52
Boldixum 47, 52, 53
Borgsum 28, 90, 92
Carl-Häberlin-Straße, Wyk 47
Dunsum 30, 33, 44, **45**, 62, 91, 97
Freizeithelfer-Laden, Wyk 102
Friesenexpress 34
Friesenmuseum, Wyk **47**, 105
Fun-Park, Wyk 100
Gezeitenbrunnen, Wyk 16, 49
Glockenturm, Wyk 48
Godelniederung (Vogelschutzgebiet) 40
Goting 35, 36, 39, 90
Goting-Kliff 36, 38
Hafen, Wyk 48
Hedehusum 39, 90
Informationszentrum der Schutzstation Wattenmeer, Oldsum 47
Kinder-Uni 102
Klintum 42
Kormoransand 45
Krabbenfangfahrt 102
Lembecksburg 39, 92
Leuchtturm Olhörn, Wyk 49
Midlum 29, 30, 33, **41**
Mühle, Borgsum 92
Mühle, Oldsum 42
Mühle „Venti Amica", Wyk 48
Museum Kunst der Westküste, Alkersum 30, 34, **41**
Nationalpark-Zentrum, Wyk 21, 45, **102**
Nieblum 17, 30, 32, 33, **35**, 51, 90, 96, 99, 104
Oevenum 23, 28, **40**, 97
Oldsum 30, 33, **42**, 90, 92
Osterland 33
Park an der Mühle, Wyk 49
Sandwall, Wyk 30, 36, **49**, 110
Spielgolf, Nieblum 38
Stellys Hüüs, Oldsum **42**, 92
St. Johannis, Nieblum **36**, 38, 44, 105
St. Laurentii, Süderende **44**, 91
St. Nicolai, Boldixum 12, 44, 47, 48, **49**, 105
Süderende 16, 44, 53, 90, 91
Sunberig, Utersum 46
Swingolf 97
Toftum 42
Traumstraße **39**, 90
Triibergem, Utersum 46
Utersum 16, 32, 35, 39, 44, **45**, 53, 90, 91, 96, 99, 110
Vogelkoje Boldixum 51
Westerland 33, **90**
Witsum 39, 40, 90
Wrixum 29, **53**, 99
Wyk 13, 15, 16, 17, 23, 28, 30, 32, 33, 34, 35, 45, **46**, 93, 94, 96, 99, 104, 105, 106, 110, 111

GRÖDE, HALLIG 85, 107, 109
St. Margarethen 85

HABEL, HALLIG 84

HAMBURGER HALLIG 13, 82, 84

HOOGE, HALLIG 28, 31, 81, **85**, 87, 88, 99, 101, 104, 107, 108, 109, 111
Johanniskirche 85
Königspesel 86
Sturmflutkino 86

LANGENESS, HALLIG 30, 31, 32, 48, 49, **87**, 89, 94, 99, 108, 109
Friesenstube 87
Hallig-Express 94
Kapitän-Tadsen-Museum 87, 94
Kirche 88, 94

NORDEROOG, HALLIG 84

NORDSTRAND 11, 13, 14, 25, 28, 54, **68**, 82, 86, 95, 96, 98, 99, 103, 108, 109, 110
7 Flaggen 70
Alter Koog 71
Elisabeth-Sophien-Koog 72
Engel-Mühle 71
Fuhlehörn 72
Holmer Siel 72, 73, 94, 95, 99
Inselmuseum 70
Schwimmbad 70, **72**
Strucklahnungshörn 70, 76, 109, 111
St. Theresia 70
St. Vinzenz 71
Vogelkoje 71

NORDSTRANDISCHMOOR, HALLIG 13, 68, 82, 84, 95

OLAND, HALLIG 30, 32, 49, **89**, 93, 108, 109
Kirche 89, 94

PELLWORM 11, 13, 14, 16, 23, 28, 31, 54, 68, 70, 71, **74**, 82, 84, 95, 96, 98, 99, 104, 105, 107, 108, 109, 110, 111
Alte Kirche **77**, 104
Freizeitanlage Kaydeich 80, 95, **103**
Friedhof für Heimatlose 78
Hafen 77
Inselmuseum 77
Kinnerstuv 103
Leuchtturm **77**, 95
Minigolf 77
Multi-Sport-Arena 103
Nationalpark-Haus 78
Neue Kirche 77
Nordermühle 80
Pelle Welle 80
Pütten **74**, 95
Rungholtmuseum Bahnsen 77
Seefahrt tut not 78
St. Salvator 77
Wattenmeer-Haus 78

SÜDEROOG, HALLIG 81, 84

SÜDFALL, HALLIG 13, **73**, 81, 84

WEITERE STICHWORTE
Arlauschleuse 95
Beachsoccer 17
Beltringharder Koog 69, 94
Biike-Brennen 104
Burchardiflut 13, 71
Cecilienkoog 95
Crossgolf 97
Dagebüll 30, 46, 89, 93, 108, 109
Friesisch (Sprache) 17, **19**, 33, 102
Golf 96
Grabsteine, sprechende **20**, 37, 44, 59, 60

IMPRESSUM

Hattstedtermarsch 95
Husum 68, 108
Inlineskating 97
Japsand 101
Jogging 98
Kitebuggy 17
Kiten 99
Lüttmoorsiel 95
Marcellusflut 12, 13
Nationalpark Schleswig-Holsteinisches Wattenmeer 14, **21**, 106
Norderoogsand 84
Nordic Walking 96, 98
Radfahren 98
Reetdach 21
Reiten 98
Ringreiten **22**, 104
Rungholt 13, 77, **81**
Schiffsausflüge 101, 102, 103, 111
Schlüttsiel 31, 85, 87, 89, 108, 109
Seehundsbänke 31, 45, 62, 102, 103, 111
Segeln 99
Strand (Insel) 13, 68
Surfen 99
Süßwasserbiotop Süd 95
Swingolf 97
Sylt 11, 13, 14, 15, 18, 20, 31, 32, 39, 85, 92
Tennis 96
Umweltschutz 22
Vogelkoje **23**, 53, 65, 71
Wattwandern 30, 45, 73, 77, 89, 93, 103, 106, 107, **111**, 128

SCHREIBEN SIE UNS!

Egal, was Ihnen Tolles im Urlaub begegnet oder Ihnen auf der Seele brennt, lassen Sie es uns wissen! Ob Lob, Kritik oder Ihr ganz persönlicher Tipp – die MARCO POLO Redaktion freut sich auf Ihre Infos.

Wir setzen alles dran, Ihnen möglichst aktuelle Informationen mit auf die Reise zu geben. Dennoch schleichen sich manchmal Fehler ein – trotz gründlicher Recherche unserer Autoren/innen. Sie haben sicherlich Verständnis, dass der Verlag dafür keine Haftung übernehmen kann.

MARCO POLO Redaktion
MAIRDUMONT
Postfach 31 51
73751 Ostfildern
info@marcopolo.de

IMPRESSUM
Titelbild: Mühle in Borgsum auf Föhr (Huber: Lubenow)
Fotos: Föhr Tourismus GmbH (48); DuMont Bildarchiv: Freyer (3 o., 68/69, 105), Lubenow (10/11, 30 r., 60, 73, 114/115), Schwarzbach (59, 67, 76, 86, 102); Burkhard Frantzen (16 M.); O. Heinze (2 M. u., 3 M., 5, 9, 12/13, 24/25, 28, 28/29, 29, 30 l., 32/33, 39, 42, 51, 56, 74/75, 79, 82/83, 84, 92, 94, 104, 106 o.); Huber: Lubenow (1 o.); © iStockphoto.com: Eric Delmar (16 o.); Lade: Reupert (107); Laif: Emmler (3 u.), Linkel (Klappe r., 34, 52); Look: Johaentges (18/19), Lubenow (70, 80, 96/97); mauritius images: Alamy (17 o., 17 u.), Boelter (22); imagebroker (Creativ Studio Heinemann) (26 r.), (Dietrich) (Klappe l.), (Nüsser) (26 l.); G. Quedens (2 M. o., 2 u., 7, 21, 27, 36, 40, 54/55, 64/65, 89, 90/91, 98, 103); K. Quedens (8, 63, 100/101); Michael Schapers (16 u.); A. M. Schuppius (1 u., 2 o., 4, 6, 45, 47, 106 u.); Schuster: Meier (15); A. Sperber (104/105)

10., aktualisierte Auflage 2015
© MAIRDUMONT GmbH & Co. KG, Ostfildern
Chefredaktion: Marion Zorn
Autorin: Barbara Dobrick; Koautor: Arnd M. Schuppius; Redaktion: Ulrike Frühwald
Verlagsredaktion: Ann-Katrin Kutzner, Nikolai Michaelis, Kristin Schimpf, Martin Silbermann
Prozessmanagement Redaktion: Verena Weinkauf; Bildredaktion: Gabriele Forst
Im Trend: wunder media, München
Kartografie Reiseatlas: © MAIRDUMONT, Ostfildern; Kompass Karten GmbH, A-Rum/Innsbruck;
Kartografie Faltkarte: © MAIRDUMONT, Ostfildern; Kompass Karten GmbH, A-Rum/Innsbruck
Innengestaltung: milchhof:atelier, Berlin; Titel, S. 1, Titel Faltkarte: factor product münchen
Das Werk einschließlich aller seiner Teile ist urheberrechtlich geschützt.
Jede urheberrechtsrelevante Verwertung ist ohne Zustimmung des Verlags unzulässig und strafbar. Das gilt insbesondere für Vervielfältigungen, Übersetzungen, Nachahmungen, Mikroverfilmungen und die Einspeicherung und Verarbeitung in elektronischen Systemen.
Printed in China

BLOSS NICHT

Vor allem den Blanken Hans sollten Sie ernst nehmen

MÖWEN FÜTTERN

Möwen, die sich auf Happen aus Touristenhand spezialisiert haben, kennen keine Zurückhaltung. Wenn Sie ihnen ein Bröckchen hingeworfen haben, müssen Sie damit rechnen, dass die frechen Emmas Sie gleich zu mehreren mit heftigem Geschrei dicht umkreisen. Besonders für Kinder kann das sehr erschreckend sein.

RÜCKSICHTSLOS FAHRRAD FAHREN

Der „sanfte Tourismus" entlockt den Insulanern immer mal wieder recht unsanfte, aber berechtigte Schimpfkanonaden. Besonders Gruppen verärgern, die nebeneinander radelnd dem Gefühl Ausdruck verleihen, sie allein seien rechtmäßige Straßenbenutzer. Gerade ungeübte und daher unsichere Radfahrer sollten sich strikt an die auch auf den Inseln geltende StVO halten.

HUNDE OHNE LEINE LASSEN

Leinenzwang ist keine Schikane. Überall auf den Inseln und Halligen müssen die Vögel – vor allem in der Brutzeit – geschützt werden, und ganze Schafherden geraten leicht in Panik, wenn sich ihnen ein Hund nähert.

FRIESENWÄLLE ERKLETTERN

Viele Grundstücke sind von niedrigen Feldsteinwällen eingefasst, die einst als Windschutz dienten und das weidende Vieh fernhielten. Benutzen Sie sie nicht als Bank, und lassen Sie Ihre Kinder nicht darauf herumturnen – das kann teuer werden. Die Wälle sind recht instabil, und wenn sich erst mal ein Stein gelockert hat, kann der Wall beim nächsten stärkeren Regen einstürzen.

BEI EBBE INS SCHLAUCHBOOT

Gummiboote und Luftmatratzen gehören bei einsetzender Ebbe aufs Trockene. Bei ablandigem Wind wird so ein Gefährt nebst Passagier in Windeseile aufs offene Meer hinausgezogen.

DAS WATT UNTERSCHÄTZEN

Ganz harmlos wirkt das Watt bei Ebbe und hat deshalb schon manchem das Leben gekostet. Zum einen ist das Watt von Prielen durchzogen, also von starken und teilweise sehr tiefen Wasserströmen. Zum anderen läuft das Flutwasser so rasch auf – und bildet zusätzliche Priele, die ebenfalls eine starke Strömung haben können –, dass unvorsichtige Wattläufer vom Strand abgeschnitten werden können. Wegen der Strömung sollten Sie auch nie in einem Priel baden. Am Ufer kann bei ablaufendem Wasser an einigen Stellen ebenfalls ein starker Sog entstehen. Bevor Sie ins Watt gehen, müssen Sie unbedingt wissen, wann das Wasser wieder aufläuft, und eine Uhr bei sich haben. Gehen Sie nur bei ablaufendem, nie bei auflaufendem Wasser hinaus und niemals in der Dämmerung, bei aufziehendem Gewitter oder Nebel! Wenn Sie den Strand verlassen, informieren Sie andere, die notfalls Hilfe organisieren können.